MAÎTRE, EXPLIQUE-NOUS !

DU MÊME AUTEUR
AUX ÉDITIONS DU CERF

Petites béatitudes, coll. « Épiphanie », Paris, 2004.

PAUL-DOMINIQUE MARCOVITS

MAÎTRE, EXPLIQUE-NOUS !

QUESTIONS DES DISCIPLES À JÉSUS

Épiphanie

LES ÉDITIONS DU CERF
www.editionsducerf.fr
PARIS

2007

Imprimé en France

www.editionsducerf.fr
(29, boulevard La Tour-Maubourg
75340 Paris Cedex 07)

ISBN 978-2-204-07878-8
ISSN 0750-1862

Avant-propos

Maître, explique-nous !

Voici un livre sur l'espérance. La vie a ses beaux jours de soleil et nous en avons l'heureuse expérience. Mais elle est traversée par bien des tempêtes. Il convient de tenir, de faire face aux difficultés : nous essayons de nous adapter ! Pourtant, pour avancer, nous avons besoin de quelques lumières. Nous pouvons supporter bien des épreuves, mais la paix ne vient que si nous avons pu trouver quelques explications. Non point que tout puisse être expliqué ; une part de notre vie nous demeurera toujours mystérieuse. Nous le savons, s'interroger sur notre vie et arriver à formuler tout haut une question nous aide et nous permet d'être ouverts à la lumière.

Les disciples de Jésus ont eu le grand bonheur de le suivre. S'ils ont vécu de grandes joies, ils connurent des tensions de toutes sortes. Surtout, ils furent ébranlés par l'épreuve de la mort de leur Maître. La Résurrection leur apporta paix, lumière et force de témoigner. Tout au long de leur vie avec Jésus, ils l'interrogèrent. Ils cherchèrent à comprendre : « Qui peut être sauvé ? » ; « Combien de fois pardonnerai-je ? » ; « Pourquoi n'avons-nous pu chasser ce démon ? ». Interrogations sur la mort de

Jésus, questions douloureuses sur la trahison de Judas, sur le reniement de Pierre…

Les questions des disciples à Jésus sont les nôtres. À les découvrir, elles peuvent nous aider à mieux comprendre notre vie. Oui, mais que seraient nos questions si nous ne recevions jamais de réponses ? Jésus se montre ici le Maître. Au long de ce parcours, nous allons entrer dans son enseignement. Progressivement, c'est lui qui va prendre de plus en plus de place, sa lumière va monter dans notre cœur, nous allons entrer dans son intimité. Le connaître, voilà ce qui donne la paix. Le désir du Seigneur est de se révéler à nous, de nous entraîner dans le mystère de sa vie, de nous donner son Esprit, de nous conduire à son Père. Voilà l'espérance comblée.

Dans l'Évangile, il y a quarante-six questions posées par les disciples à Jésus. Certaines sont répétées de la même manière dans les différents évangiles. C'est pourquoi, je ne commente ici que trente-neuf d'entre elles. Remarquons qu'il s'agit bien des questions posées par les disciples uniquement. Celles des pharisiens, des scribes et des autres personnages rencontrés par Jésus sont très nombreuses, sans compter celles de Jésus lui-même. L'Évangile est un univers de points d'interrogation. Le père Xavier de Chalendar [1] nous dit qu'il y en a plus de cinq cent cinquante… On le comprend : l'Évangile est le monde de la révélation et de la découverte. Et au centre, brille la question de Jésus : « Pour vous, qui suis-je ? »

1. *Qui cherchez-vous ? Les 550 points d'interrogation des évangiles,* Paris, Éd. du Cerf, 2004.

L'ordre des questions est donné par chaque évangile. Le lecteur peut aller et venir dans ce livre et méditer telle ou telle question selon son désir, le moment. Pourtant il serait bon de le lire une première fois, simplement, du début à la fin !... En effet, les évangiles nous proposent une entrée progressive dans l'intimité du Seigneur. Le quatrième évangile nous éclaire puissamment et nous donne, dans les deux dernières questions, la clé de compréhension de tout. Ajoutons enfin : comme le chapitre 21 de Jean est appelé habituellement *Épilogue* et que la question posée dans les Actes des Apôtres l'est aussi après la résurrection du Seigneur, j'ai regroupé sous ce titre les deux dernières questions du livre.

Il y a beaucoup de joie à passer du temps avec tous les disciples : le bouillant Pierre, l'agréable Philippe, l'intelligent Nathanaël, Thomas l'interrogateur, Jean « le disciple bien-aimé du Seigneur » et les autres... Nous comprenons leur lenteur, nous partageons leur attachement au Maître. Ils nous invitent à regarder notre lien personnel avec Jésus, à prendre conscience de notre vie avec lui, à nous réjouir de l'amour que le Seigneur a pour nous. Les disciples nous invitent à marcher à leur pas, jusqu'au jour où le Seigneur lui-même nous imposera son propre rythme, celui de sa bienveillance et de sa miséricorde.

N.B. Les citations bibliques sont tirées de La Bible de Jérusalem, *Paris, Éd. du Cerf, 1998. À la fin du livre se trouve un Index permettant des lectures transversales, selon les thèmes que le lecteur voudra choisir.*

Matthieu

1

Pourquoi leur parles-tu en paraboles ?

(Matthieu 13, 10)

Les disciples s'approchant lui dirent : « Pourquoi leur parles-tu en paraboles ? – C'est que, répond-il, à vous il a été donné de connaître les mystères du Royaume des Cieux, tandis qu'à ces gens-là cela n'a pas été donné. Car celui qui a, on lui donnera et il aura du surplus, mais celui qui n'a pas, même ce qu'il a lui sera enlevé. »

À première lecture, la réponse est dure. Attention de ne pas se méprendre ! Jésus annonce toujours une bonne nouvelle… Il nous faut donc la découvrir. Les disciples viennent d'entendre la parabole du semeur qui est sorti pour semer, image de Jésus prêchant aux foules. Sa parole est entendue avec enthousiasme par certains qui, pourtant, oublient vite ! Elle fait un chemin plus profond chez d'autres, mais ils sont trop accaparés par les soucis de la vie pour être constants. Enfin, la parole de Jésus transforme des cœurs et ceux-là seront fidèles. La question des disciples peut se traduire ainsi : pourquoi ta parole, Seigneur, n'atteint-elle pas tout le monde ? Tes paraboles sont belles, mais elles laissent certains dans l'obscurité. Nous comprenons cette question. Qui ne connaît des personnes qui semblent étrangères au monde spirituel ?

Une première réponse à cette question nous est apportée par ce qu'est une parabole : elle éclaire ou obscurcit. Pourquoi ? Parce que Jésus s'adresse à notre liberté. Nous pouvons entrer dans le sens des paraboles et de l'enseignement de Jésus ; encore faut-il le décider. Jésus nous offre sa parole, à nous de la recevoir. Les exemples sont nombreux dans les évangiles : bien des pécheurs se tournent totalement vers Jésus et changent de vie ; d'autres, enfermés dans leurs certitudes, restent de marbre. Le Seigneur veut nous rejoindre, mais il n'entrera dans notre vie que si nous le voulons. Comment le vouloir ? Cette décision est le fruit de l'amour. Le désir taille une brèche dans nos raideurs. L'amour engendre une adhésion libre. Il ne s'agit donc pas seulement d'adhérer à l'enseignement du Maître, il importe avant tout de l'aimer. L'attachement des disciples à Jésus, leur confiance à son égard, les aident à le recevoir dans sa personne et dans ses paroles. Les « mystères » se dévoilent progressivement à eux. Alors, moi, qu'est-ce que je décide ? Vers qui se tournent mon désir et mon amour ?

Une autre lumière nous est donnée par le Seigneur lui-même. Il y a une logique de la vie : celui qui a, amasse, et celui qui n'a rien, perd… Jésus le répète souvent de différentes manières. Le livre du Deutéronome parlait déjà ainsi : « Choisis la vie et non la mort ! » (Deutéronome 30, 19.) Nous le comprenons : il est des décisions qui auraient pu nous conduire vers des catastrophes et nous y avons échappé ; nous sommes allés alors de lumières en lumières. Mais il est des orientations qui ont ouvert des chemins de ténèbres dont il est peut-être difficile encore aujourd'hui de sortir. Si nous avions su !… Maintenant, n'est-ce pas trop tard ? La lumière du Seigneur, un peu difficile à supporter il est vrai, est pourtant bienfaisante pour nous. Nous sommes libres de lui dire « oui », car nous sommes responsables de notre vie. Nos choix de vie ne sont pas à prendre à la légère. La vie est sérieuse, et Jésus nous prend au sérieux. Oui, la vie appelle la vie, l'amour amplifie l'amour, tandis que la mort engendre la mort, l'égoïsme enferme, le mal dessèche et l'on se retrouve ayant « moins que rien » comme dit la sagesse populaire. Jésus dit : « Celui qui n'a pas, même ce qu'il a lui sera enlevé. » Alors comment ne pas choisir la vie ?

Dans cette réponse de Jésus, il est encore une autre lumière : « À ces gens-là cela n'a pas été donné. » « Donné », le mot est fort. Ceux qui s'enferment dans le mal ne peuvent comprendre la parole de Jésus. Mais tous nous connaissons des personnes ouvertes, dévouées aux autres, qui ont toute notre estime et notre admiration et qui pourtant semblent fermées à la lumière… Elle ne leur a pas été donnée ! Nous sommes là face à une incompréhension. Avouons notre étonnement, notre douleur. N'attendons pas des explications, faisons confiance à Dieu. Comprenons : Jésus dit à ses disciples qu'à eux la lumière est « donnée ». Certes, il convenait qu'ils ouvrent leur cœur, mais la lumière ne venait pas d'eux. Si donc nous avons beaucoup reçu, c'est gratuitement. Nous sommes pauvres comme tout le monde et nous ne pouvons nous enorgueillir devant qui que ce soit. Davantage : dans la communion des saints, nous vivons pour nous et pour les autres. Bien des gens, apparemment loin de Dieu, entreront dans le Royaume des Cieux grâce à la fidélité des croyants. Dieu fait ainsi. Il nous sauve les uns par les autres. C'est pour cela que personne ne peut dire qu'il est trop tard pour être sauvé.

2

Explique-nous la parabole de l'ivraie dans le champ

(Matthieu 13, 36)

Ses disciples s'approchant de lui dirent : « Explique-nous la parabole de l'ivraie dans le champ. » En réponse il leur dit : «… les justes resplendiront comme le soleil dans le Royaume de leur Père. »

Que faire de l'ivraie dans un champ de blé ? La couper, l'enlever ! Le Maître, réaliste et prudent, pense qu'il fera ce travail à la moisson, car le blé et l'ivraie risqueraient d'être arrachés. Que faire avec les gens insupportables parmi nous, les fauteurs de trouble, ceux qui sèment la zizanie ? Les jeter dehors ! La tentation est grande. Jésus recommande la patience.

Voilà des questions bien de chez nous. Nous avons tous connu les merveilleux débuts d'une entreprise. Voilà qu'un jour, la zizanie s'infiltre, des problèmes tordus se posent. Tout était calme et l'on se réveille avec le feu à la maison. Dans les familles, les communautés religieuses, les écoles, tous nous avons connu ces crises plus ou moins graves, plus ou moins longues : elles font partie, hélas ! du parcours. Les disciples de Jésus connaissent cette difficulté : tout le monde écoutait et admirait Jésus et voilà que certains commencent à douter de lui, à lui poser des questions mauvaises, à lui tendre des pièges. Les disciples sont troublés. Que faire ? Arracher ? Mettre ces gens dehors ? La parabole invite au calme. Attendez la moisson ! Oui, mais qu'est-ce qui va nous aider en attendant ?

Voici la bonne nouvelle de cette parabole : le Seigneur pense que le blé a suffisamment de force en lui pour ne pas être étouffé par l'ivraie. Il pense que nous avons en nous des ressources considérables qui nous permettent de ne pas être impressionnés par les fauteurs de trouble. La force de la vie est en nous. Pourquoi craindre ? Jésus dit que c'est l'« ennemi », le « Mauvais », le « Diable » qui sème le désordre. Pardonnez la comparaison : le Diable joue habituellement aux quilles. Un fauteur de trouble intervient, alors celui qui veut être juste s'agace et en parle autour de lui, un autre s'agite et veut prendre des mesures d'exclusion, etc. Le mal se communique en chaîne et beaucoup tombent dans le péché les uns par les autres. Les dégâts peuvent être considérables.

Jésus pense que nous pouvons résister à cette dégringolade. Comment ? La force de Dieu est en nous. Croyons en cette vie qui vient du baptême. Dieu fait confiance en nos capacités. Il est sûr de nous. Nous retrouvons cette assurance du Seigneur à notre égard dans une belle petite parabole propre à Marc (4, 26-29), la semence qui pousse toute seule : « Que le semeur dorme et qu'il se lève, nuit et jour, la semence germe et pousse, il ne sait comment. » Le Seigneur fait confiance, en notre terre, en notre humanité. Il y a suffisamment de force en nous pour que l'ivraie, les tentations, les crises n'aient pas le dessus. Il nous faut du courage, de la continuité dans l'effort, de la modestie dans la lutte. Il nous faut chercher au fond de nous les forces de résistance pour tenir. L'Esprit Saint est toujours là pour nous aider dans le combat difficile. Mais nous le savons intimement : la grâce de Dieu agit. Nous y parviendrons.

Cette bonne nouvelle de la parabole, la confiance que Dieu nous fait, nous permet d'éviter deux écueils graves. La peur d'abord ! Nous sommes souvent impressionnés par le mal autour de nous, par son caractère violent ou sournois : l'insécurité s'installe. Nous craignons de mourir étouffé par lui. Jésus nous fait relever la tête. « J'appartiens au Seigneur ! » L'autre tentation est de nous durcir, de nous raidir, de nous enfermer dans notre justice : la miséricorde n'a plus de place alors en nous. Qui chasse les démons autour de nous ? Le pardon, la souplesse du cœur, une certaine manière de ne pas voir le mal, laisser les démons dormir dans leur coin en veillant à ne pas les réveiller… La miséricorde sera toujours la meilleure défense.

Pourtant une question demeure. Il ne faut pas arracher tout de suite l'ivraie de peur de nuire aussi au blé. Oui, mais la moisson tarde ! Pourquoi attendre si longtemps ? Dans la vie, j'ai souvent vu l'ivraie dominer le bon grain, car nous ne sommes pas meilleurs que qui que ce soit. Pourtant j'ai vu aussi la vertu étouffer les défauts. Le temps que le Seigneur nous donne, la confiance qu'il nous fait, ont pour but de nous laisser faire ce travail, cette conquête, afin de nous permettre de remporter des victoires. Sa grâce aura été discrète, active, mais nous aurons aussi bien travaillé. Cette confiance de Dieu nous rend notre dignité : Dieu fait tout pour nous, mais nous devons aussi tout faire. Dieu nous tend la main pour nous sauver, mais c'est nous aussi qui la prenons fort.

Jésus conclut : « Les justes resplendiront comme le soleil dans le Royaume de leur Père. » Il arrive que nous rencontrions de belles fleurs sur un terrain mal entretenu. J'ai vu ainsi des personnes d'une qualité spirituelle magnifique ; pourtant l'entourage devait les éloigner de Dieu. Ces sœurs et ces frères dans la foi ont grandi grâce au Seigneur et dans la simplicité de leur fidélité. Jésus les compare au soleil dans le Royaume ! Oui, parce qu'ils ont toujours cru au « Père qui fait lever son soleil sur les méchants et sur les bons » (Matthieu 5, 45). L'amour des ennemis, la miséricorde ont toujours le dernier mot. Tel sera le jugement de Dieu à la fin des temps.

3

Sais-tu que les pharisiens se sont choqués de t'entendre parler ainsi ?

(Matthieu 15, 12)

Ayant appelé la foule près de lui, il leur dit : « Écoutez et comprenez ! Ce n'est pas ce qui entre dans la bouche qui souille l'homme ; mais ce qui sort de sa bouche, voilà ce qui souille l'homme. »

Alors s'approchant, les disciples lui disent : « Sais-tu que les pharisiens se sont choqués de t'entendre parler ainsi ? »

À la suprématie d'une conception légaliste de la vie, Jésus affirme celle de la loi morale. Dans la continuité des prophètes, Jésus fait passer le cœur avant les observances extérieures souvent pratiquées sans conviction réelle. Le rite, respectable bien sûr, n'est pas un but. Pour Jésus, le rite n'a de sens que par ce qu'il signifie : l'attachement radical à Dieu. Jésus reproche à beaucoup de pharisiens une pratique sans âme. Ce n'est pas la peine d'aller loin pour trouver en notre propre vie ce genre de déviance. « On est en règle ! » Certes, mais ni le Seigneur ni le prochain n'ont été respectés, aimés. Que signifie le geste d'un homme qui offre un bouquet de fleurs à sa femme en pensant à toute autre chose… ? Je me souviens de ce curé qui, le dimanche matin après les messes, vers treize heures, quittait son église paroissiale : il racontait qu'un jour, arrivé à la porte de son presbytère, il se rappelle avoir fait une vague génuflexion devant le saint sacrement, en pensant à autre chose ; il revient, ouvre de nouveau son église et va saluer correctement son Maître et son Seigneur. Ensuite, au presbytère, il peut prendre avec joie l'apéritif du dimanche ! C'est le cœur qui donne le sens à tout, aussi bien à l'adoration qu'à la joie d'un repas. Du cœur jaillit tout ce qui peut souiller l'homme et le purifier aussi.

Les disciples comprennent difficilement, d'où leur question et la réponse de Jésus qui leur reproche « leur manque d'intelligence ». Passer du légal au moral n'est pas facile. Peut-être parce qu'il est plus reposant de constater qu'on est en règle : c'est plus objectif, plus repérable. Le domaine moral, lui, paraît sans fond : ne sommes-nous pas toujours en dette vis-à-vis de Dieu ? Qui pourra dire que notre cœur a une vue pure sur les choses, que c'est l'amour qui conduit nos actes ? Pourtant loin de nous lier, la parole du Seigneur rend libre. Pourquoi ? Alors qu'une règle donne des limites, le cœur a une capacité sans fond. Le cœur donne une orientation, il suscite un désir, il donne une impulsion forte. Notre désir est peut-être loin d'être parfait, nous ne réussissons pas toujours à vivre comme nous le voudrions… Oui, mais notre cœur est orienté vers Dieu, il a fait un choix, il s'est attaché à lui. Le pauvre de vérité, le faible d'amour peut pleurer son manque de générosité, mais si son cœur cherche vraiment Dieu, déjà tout est fait, la bonne direction est prise et l'espérance d'y arriver peut s'affermir. « Le salut est arrivé pour cette maison », dit Jésus à Zachée, petit de taille et grand dans son désir de connaître Jésus (Luc 19, 1-10).

Si le cœur ouvert à Dieu est la source de ce qui rend l'homme pur, nous pouvons en tirer une autre leçon. Beaucoup se demandent comment corriger le caractère peu facile qu'ils ont hérité de la nature ou de la famille… Certains se lancent dans des combats aussi admirables qu'inefficaces. Ce n'est pas en brimant la nature qu'on la domine. On dit bien : « Chassez le naturel, il revient au galop. » Chercher à arrêter sa langue, ne plus être spontané… est très difficile. La méthode du Seigneur est plus juste et adaptée : mettre de l'amour au fond du cœur. Certes, il faut essayer de maîtriser un peu sa langue ; mais, bien que nécessaire, cela reste un travail en surface. Il faut aussi agir fortement au fond, au cœur. Si nous désirons que l'amour du Seigneur demeure au fond de nous, si constamment nous invoquons l'Esprit Saint de vérité et d'amour, alors le fond de nous-même s'emplit de la vie même de Dieu. Nous gardons des travers de caractère, mais ils sont comme « noyés » par ce travail fait au fond du cœur par l'Esprit Saint et nous-mêmes.

Quelqu'un se demandait si son caractère pourrait un jour devenir meilleur. Marthe Robin lui a répondu : « Oh, oui ! Cela arrivera, mais un quart d'heure après votre mort ! » Cette réponse pleine d'humour n'est pas désespérante. Elle est réaliste. L'essentiel n'est pas l'amélioration de soi mais l'attachement à Dieu.

Revenons à l'incompréhension des disciples dans l'affaire qui oppose les pharisiens à Jésus et les étonne. L'affaire n'est pas seulement morale. Beaucoup ont respecté les règles de pureté et de nourriture, par amour, par attachement à Dieu. Certains sont morts martyrs par respect de ces règles, comme le rapporte le livre des Martyrs d'Israël. Ici le Seigneur prépare la voie à une ouverture impensable alors : l'arrivée des païens dans le Royaume, leur accès au même héritage, à la même promesse que le peuple juif. Saint Marc écrit à ce propos : « Jésus déclarait purs tous les aliments » (Marc 7, 19). Pierre le comprendra aux débuts de l'Église : « Ce que Dieu a purifié, toi, ne le dis pas souillé » (Actes 10, 15). Paul l'annoncera : « Il n'y a plus ni Juif ni païen, il n'y a plus ni esclave ni homme libre, il n'y a plus l'homme et la femme car tous, vous ne faites plus qu'un dans le Christ Jésus » (Galates 3, 28).

4

Où prendrons-nous, dans un désert, assez de pains pour rassasier une telle foule ?

(Matthieu 15, 33)

Les disciples lui disent : « Où prendrons-nous, dans un désert, assez de pains pour rassasier une telle foule ? » Jésus leur dit : « Combien de pains avez-vous ? – Sept, dirent-ils, et quelques petits poissons. » Alors il ordonna à la foule de s'étendre à terre ; puis il prit les sept pains et les poissons, rendit grâces, les rompit et il les donnait à ses disciples, qui les donnaient à la foule. Tous mangèrent et furent rassasiés, et des morceaux qui restaient on ramassa sept pleines corbeilles ! Or ceux qui mangèrent étaient quatre mille hommes, sans compter les femmes et les enfants.

Précisons tout de suite : dans la Bible, pour faire la guerre, on compte les hommes. On n'ose pas compter les femmes, car elles donnent la vie : on ne peut mettre la main sur la vie. Regardons maintenant cet évangile.

Jésus prend pitié de cette foule qui l'accompagne et

qui n'a point mangé depuis trois jours. La sagesse serait de renvoyer chacun chez soi. Mais Jésus ne le souhaite pas. D'où la question très pratique des disciples. Mais cette question contient en elle sa réponse : il est impossible de trouver quoi que ce soit ici. C'est la réalité. Nous comprenons la perplexité des disciples. Nous sommes souvent confrontés à des réalités incontournables : la maladie d'un proche, le refus de réconciliation d'un couple, l'orientation d'un ami vers une voie mauvaise… Nous disons volontiers : Il faut un miracle ! Constater que rien ne peut se faire est très dur. Pourtant, regarder la réalité est signe de maturité. Oui, mais Jésus ne semble pas agir ainsi.

Jésus interroge ses disciples sans tenir compte de leur étonnement. Il est une règle en pédagogie : il ne faut pas discuter avec les pessimistes, ils vous entraîneraient dans leur descente et leur vertige. Donc Jésus va droit à la réalité : « Combien de pains avez-vous ? » Sept pains, quelques poissons, autant dire trois fois rien… L'importance de ce fait est évidente. Qu'avons-nous à donner aux autres, que pouvons-nous apporter à ceux qui souffrent tant, que pouvons-nous faire pour le bonheur de ce monde ? Trois fois rien ! Vous me direz que c'est déjà beaucoup, que notre présence est déjà une force pour autrui et que nos actions sont souvent beaucoup plus fécondes que nous ne le pensons… Oui, mais Jésus va nous faire entrer dans une réalité plus profonde qui permettra justement de faire bien davantage concrètement.

Que fait Jésus ? Avec sept pains et quelques poissons, il nourrit quatre mille hommes. Action de grâces, partage du pain, distribution aux disciples, partage du pain par les disciples à la foule… « Tous mangèrent… » Ce sont là les étapes de la bénédiction habituelle de la table. Elles furent reprises plus tard par le Seigneur la veille de la Pâque où il devait mourir. Elles préfigurent l'Eucharistie, sacrement du salut pour le monde. Nous n'avons en effet dans nos mains que peu de chose, mais ce peu, déposé dans la main du Seigneur, se multiplie. « Il est grand le mystère de la foi ! » En effet, nos actes sont limités, nos générosités peuvent être aussi immenses, notre vie est faite de lumières et d'ombres… Tout cela, notre être unique, mettons-le sur la patène et dans la coupe de l'autel. Tout de nous devient Corps et Sang du Christ, source de salut pour le monde. L'important n'est pas d'avoir peu ou beaucoup mais de donner. Tout ce qui est remis dans les mains du Seigneur se multiplie car toute sa vie n'est que don, salut pour tous les hommes.

Nous avons là une source de joie immense. Que pouvons-nous pour lui, pour elle, pour ce monde ?… Chacun a des possibilités plus ou moins grandes, et la charité nous pousse à travailler, à agir pour le bien des autres. Cependant, cette vie-là, remise dans les mains du Sauveur du monde, trouve puissance, fécondité pour les autres. Nous trouvons alors plus d'ardeur pour agir ici et maintenant car c'est le Christ qui vit et agit en nous. Ce monde avance soutenu par le Christ et par ceux et celles qui vivent de lui pour le salut de tous les hommes. Thérèse de l'Enfant-Jésus, souffrante, avait grand-peine à se déplacer. « Je marche pour un missionnaire », disait-elle. Un missionnaire, ce n'est pas beaucoup ! Pourtant, par ce geste simple et concret, Thérèse rejoignait dans les profondeurs de l'amour de Dieu tous les missionnaires, tous les hommes appelés au bonheur de Dieu.

C'est ainsi que se construit l'Église, que se tissent les liens qui font sa fécondité et sa joie. Le chiffre sept est celui de la plénitude de vie qui l'habite, la vie de Dieu offerte au monde. Saint Matthieu s'émerveille : « Des morceaux qui restaient, on ramassa sept pleines corbeilles ! » Nous sommes rassasiés par la vie de Dieu en nous, par la vie de Dieu qui ne cesse de jaillir aussi autour de nous. Nous sommes apaisés par la force de Dieu qui aide le malade à vivre, par la consolation du Seigneur qui aide à passer les étapes de nos existences où notre avenir semble brisé… Pourtant, il reste encore beaucoup à voir. Le Seigneur sait que la route est longue et les pièges nombreux. Jésus fut tenté au désert, tenté de changer les pierres en pain pour se nourrir lui-même. Dans cet endroit désert de Galilée, Jésus multiplie le pain pour nourrir les autres et il en laisse en réserve : donner n'appauvrit pas. Pour regarder l'avenir, nous n'avons toujours que quelques pains, mais ce pain est celui de Dieu, la vie même du Christ. Nous disposons d'un trésor ! Voilà ce qui donne à notre vie sa joie, son dynamisme, toute sa réalité.

5

Que disent donc les scribes, qu'Élie doit venir d'abord ?

(Matthieu 17, 10)

Et les disciples lui posèrent cette question : « Que disent donc les scribes, qu'Élie doit venir d'abord ? » Il répondit : « Oui, Élie doit venir et tout remettre en ordre ; or, je vous le dis, Élie est déjà venu, et ils ne l'ont pas reconnu, mais l'ont traité à leur guise. De même le Fils de l'homme aura lui aussi à souffrir d'eux. »

Pierre a confessé que Jésus était « le Christ, le Fils du Dieu vivant ». Les disciples ont entendu la première annonce de la Passion et la nécessité de prendre sa croix pour suivre Jésus. Enfin Pierre, Jacques et Jean ont vu Jésus transfiguré. En descendant de la montagne, les trois disciples interrogent Jésus sur la venue d'Élie. À première lecture, cette question nous semble étrange. Avançons et nous verrons la gravité de ce que Jésus veut nous dire.

Selon le prophète Malachie (3, 23-24), Élie qui avait quitté cette terre sur un char de feu (2 Rois 2, 11-13) devait revenir pour mettre de l'ordre sur la terre et ouvrir ainsi la voie au Messie. Pour Jésus, Élie est déjà venu, en la personne de Jean-Baptiste : il a « marché devant lui avec l'esprit et la puissance d'Élie » (Luc 1, 17). Tout cela, les trois disciples peuvent le comprendre. Selon l'évangile de Jean, le Baptiste fut celui qui les introduisit auprès de Jésus (Jean 1, 35-37). Mais il est une obscurité majeure que les disciples ne comprennent pas et la réponse de Jésus les laissera encore longtemps interrogatifs. Cet « Élie », qui n'est autre que Jean-Baptiste, a été mis à mort. À cette occasion, Jésus annonce sa propre mort. Les disciples, comme tous leurs contemporains, ne peuvent avoir du Messie qu'une idée glorieuse et triomphante. À l'Ascension, ils attendront encore de Jésus qu'il établisse son pouvoir sur cette terre face aux occupants romains…

Qui ne partage cette incompréhension ? Après de longues méditations sur la croix du Seigneur, nous n'abandonnons pas encore cette vieille idée : la réussite, le succès, le pouvoir sont choses bien préférables à l'échec de la Croix. La Croix fait toujours peur. Suivre la logique de Jésus, souffrir avec lui, imposent de nous donner tout entier ; ce don-là est lent à venir car nous craignons de nous perdre…

Or Jésus annonce sa Passion et nous invite à le suivre. Pendant un temps, le Seigneur nous a accompagnés et nous avons pu nous donner à lui avec grande joie, nous avons bien avancé, seul ou avec un conjoint, sur le chemin de l'Évangile. C'est le temps du premier « oui » à Dieu. Un jour, à la faveur d'une épreuve, à l'occasion d'un changement d'activité ou d'un rééquilibrage de la vie, Jésus nous invite à une plus grande intimité avec lui. Cette intimité plus profonde, c'est de connaître le cœur de son mystère : la Croix. La Croix, présente en toute vie, n'est pas d'abord la souffrance. La Croix, c'est l'amour, c'est le déplacement de soi, le décentrement de soi vers Dieu, vers les autres. Notre vie n'est plus à nous, elle est pour les autres. C'est ainsi qu'en nous perdant nous laissons émerger notre être profond dans toute sa plénitude, prémices de la Résurrection. Ce temps, où nous laissons le Christ prendre la place centrale en nous, est comme un deuxième « oui » à Dieu. Par le mariage, deux êtres se lient l'un à l'autre dans l'amour de Dieu. Un temps vient où le « oui » change de qualité, de profondeur ; l'amour prend la solidité de la Croix, d'un don total et expérimenté dans la lumière de la Vie.

Le deuxième « oui » est magnifique ! Il n'est pas celui de l'enthousiasme du début qui ignore l'avenir ; il est celui de la maturité, celui que l'on donne lorsqu'on sait le poids du don et qu'on y consent. Je pense qu'un troisième « oui » viendra, à l'âge de l'accomplissement de la vie, lorsqu'il faudra quitter, partir, abandonner ce qui faisait nos engagements pour Dieu et pour les autres. Tout s'en va. Il ne reste plus que l'intimité avec le Christ : tout a été dit, reste l'amour, un amour souvent secret.

En nous parlant ainsi de sa mort, Jésus a un but. Il ne suffit pas qu'il donne sa vie pour nous. Il veut aussi nous associer à son don pour le salut du monde. Entrer dans son intimité, c'est comprendre l'immensité de son amour pour les hommes, c'est aussi dire « oui » au don pour tous. Jésus ne centre personne sur lui. Il nous entraîne dans son amour pour le monde.

De prime abord, toutes ces questions concernant la Croix peuvent faire peur. C'est l'amour qui permet de les dépasser, l'amour pour le Seigneur et pour les autres. Jean-Baptiste, le premier, l'a vécu. Comme disait Jésus commentant Malachie, « il a remis tout en ordre ». Non point que tous ceux qui vinrent se faire baptiser au Jourdain se soient réellement convertis à sa prédication… Non. Mais c'est l'ordre profond de l'amour que Jean a ouvert. Une vie donnée entièrement jusqu'au martyre est vraiment la route qui montre le chemin vers le Seigneur. « Ils l'ont traité à leur guise », dit Jésus, pensant à ce que l'on fera de lui plus tard. L'amour jusqu'à l'extrême est la signature de la vie. N'ayons pas peur ! L'Esprit Saint nous conduira jusqu'au bout.

6

Pourquoi nous autres, n'avons-nous pu l'expulser ?

(Matthieu 17, 19)

Ses disciples lui demandèrent : « Pourquoi nous autres, n'avons-nous pu l'expulser ? – Parce que vous avez peu de foi, leur dit-il. Car, je vous le dis en vérité, si vous avez de la foi gros comme un grain de sénevé, vous direz à cette montagne : Déplace-toi d'ici à là, et elle se déplacera, et rien ne vous sera impossible. »

Après la Transfiguration sur la montagne, Jésus, accompagné de Pierre, Jacques et Jean, retrouve les autres disciples « aux prises avec une affaire dont ils ne sortaient pas à leur honneur », comme le dit aimablement et avec un peu d'humour le père Lagrange, fondateur de l'École biblique de Jérusalem. En effet ils n'arrivaient pas à guérir un « lunatique ». Le père de cet enfant malade dit sa souffrance à Jésus : « Je l'ai présenté à tes disciples et ils n'ont pas pu le guérir. » Jésus est désolé et laisse échapper sa colère ; il est dans un monde sans foi : « Engeance incrédule et pervertie, jusques à quand serai-je avec vous ? » On apporte l'enfant. « Le démon sortit de l'enfant qui, de ce moment, fut guéri. » Vient alors, en privé, la question des disciples un peu honteux. Jésus répond en les invitant fortement à croire.

La guérison de ce lunatique est admirablement rapportée par saint Marc. Nous y reviendrons. Matthieu est plus bref. Le but du récit est de mettre particulièrement en relief l'attitude des disciples. Ils ont échoué. Mais cet échec devient profitable grâce à la leçon donnée par le Maître. Le miracle a certes pour bénéficiaires le père et l'enfant. Mais les disciples aussi en trouvent grand profit. Choisis par Jésus, ils doivent, instruits par leur échec, agir avec une foi bien plus grande. C'est la foi au Christ qui permettra « l'impossible ». Que nous enseigne le Seigneur ?

Contrairement à ce que beaucoup pensent, la foi qui déplace les montagnes est une foi faible, pauvre, très petite… Jésus dit bien : « Si vous avez de la foi gros comme un grain de sénevé… » Il ne parle pas de la foi impériale des athlètes de la religion ! Ceux-là n'existent pas dans l'Évangile, car tous sont pauvres de foi. Jésus a choisi des disciples « lents à croire » (Luc 24, 25) comme ceux d'Emmaüs, « incrédules » (Jean 20, 27) comme Thomas. Les « doutes » (Matthieu 28, 17) n'ont pas manqué à la plupart. Pourtant, ils étaient attachés à Jésus. Cet attachement, cette confiance au Seigneur, voilà le « grain de sénevé » dans leur cœur. Paul fera la même constatation lorsqu'il se plaindra de sa pauvreté. Jésus le confirmera : « Ma force se déploie dans la faiblesse » (2 Corinthiens 12, 9). Comment des « surhommes » de la foi pourraient-ils nous parler de Dieu ? Leur foi nous serait inaccessible. Les échecs des disciples nous instruisent.

Nous-mêmes, nous communiquons aux autres les trésors de Dieu bien davantage par notre pauvreté acceptée. Nous nous plaignons de ne pas avoir « une foi à transporter les montagnes », imaginant que nous devrions être des champions de la religion. Non, notre pauvreté est déjà un trésor, car notre trésor est notre confiance en Dieu. En disant « oui » au Seigneur dans les choses les plus humbles, nous le laissons agir en nous. Il passe et ne tient pas compte de nos faiblesses, de nos résistances, de nos doutes. La foi, petite comme le grain de sénevé, est déjà le germe de la vie en sa plénitude ; rien ne l'arrêtera.

« Celle qui a cru », la Vierge Marie ne se déclare pas au-dessus des petits, car ce qu'elle est, elle ne le doit qu'à Dieu qui a « daigné jeter son regard sur l'humilité de sa servante ». Elle a simplement consenti à Dieu, à sa volonté d'amour pour le monde. Mais son « oui » fait tout. La foi n'est donc pas au bout de nos efforts. Pauvres, nous nous ouvrons à Dieu et Dieu fera tout pour nous. La foi consiste à dire « oui ! »

Nous en avons l'expérience. Il nous arrive à tous d'aider telle ou telle personne qui, progressivement trouve sa voie. Et nous nous étonnons du bien qui a pu se faire à travers nous qui sommes pécheurs et si pauvres. Humblement nous disons que le Seigneur a agi par nous. C'est vrai. Mais nous pourrions aussi avec bonté sourire de nous-mêmes, nous réjouir de ce peu de foi en nous qui est si puissant ! Nous aurions plus de fierté, plus de dynamisme pour faire grandir cette foi, talisman si précieux pour faire du bien aux autres.

En quoi consiste cette foi si petite et si puissante ? Il s'agit d'ouvrir notre porte à la vie de Dieu. Il s'agit de consentir à laisser passer Dieu par nous pour rejoindre les autres. Lorsque le Seigneur pénètre dans la demeure de celui qui l'accueille simplement, il établit la paix, la force de vie. De là peuvent alors jaillir ces paroles ou ces actes qui font du bien, qui déplacent des montagnes. Déplacer des montagnes ? Oui ! On parle du talon d'Achille ou du « bât qui blesse », ce point névralgique où même les invincibles peuvent être vaincus. La foi au Dieu d'amour trouve où rejoindre celle ou celui qui est loin de Dieu, elle prononce les paroles ou fait les gestes qui ouvriront les portes les plus fermées, non pour blesser ou faire mourir, mais pour faire naître et vivre. Et quand tout semble impossible, Dieu peut encore emprunter bien d'autres chemins car il est Père et veut le bonheur de tous ses enfants.

7

Qui donc est le plus grand dans le Royaume des Cieux ?

(Matthieu 18, 1)

Les disciples s'approchèrent de Jésus et dirent : « Qui donc est le plus grand dans le Royaume des Cieux ? » Il appela à lui un petit enfant, le plaça au milieu d'eux et dit : « En vérité je vous le dis, si vous ne retournez à l'état des enfants, vous n'entrerez pas dans le Royaume des Cieux. Qui donc se fera petit comme ce petit enfant-là, celui-là est le plus grand dans le Royaume des Cieux. »

Voilà une question dont nous ne serions pas fiers ! Ces disciples ont oublié l'humilité de rigueur à la suite du Seigneur. Comment les disciples peuvent-ils courir ainsi aux premières places ? Dans l'évangile de Marc, ils n'osent poser la question… Voilà pourtant une question bien sympathique, car nous sommes tous de la même chair et le désir d'être le plus grand traverse souvent notre pensée. L'orgueil n'est jamais très loin. Sourions donc de la simplicité des disciples qui interrogent leur maître sans honte, sans crainte d'être mal compris.

Cette question, vient-elle d'un orgueil peu recommandable ? Certainement. Mais un problème peut en cacher un autre plus important. Certains manifestent de l'orgueil parce qu'ils cherchent à être reconnus. Être orgueilleux est un défaut ; désirer être reconnu par les autres est normal et nécessaire pour la vie. Accepter quelqu'un dans la vie religieuse, se marier, promouvoir quelqu'un dans une entreprise, louer un excellent violoniste… autant d'actes de reconnaissance qui façonnent nos existences. Sans tous ces gestes plus ou moins importants, que serions-nous ?

Je me souviens d'un jeune moine qui venait de s'engager définitivement dans son abbaye. Il me dit en se redressant : « Je pense que le père abbé va maintenant me confier des responsabilités importantes… » Je mordis mes lèvres pour ne pas rire de cette enflure de lui-même. Mais vite je compris : derrière l'orgueil apparent, il y avait un besoin de reconnaissance et le désir de servir réellement. Être reconnu, pouvoir aussi se donner tout entier, façonnent et équilibrent notre humanité. Certains sont blessés et traînent sans cesse leur langueur parce qu'ils ne se sentent pas compris et mal employés au service des autres. Quelles que soient les responsabilités, le mal-vivre est là, et il faut beaucoup de courage pour continuer la route ainsi. Que répond Jésus à cette question ?

À ses disciples en mal de reconnaissance, Jésus présente un enfant. Qui assiste dans une école à une récréation d'enfants peut être sûr que ces charmants petits ne sont pas des modèles pour les adultes. Il y a déjà en germe tous nos défauts ! Si donc les enfants ne peuvent être loués pour des qualités qu'ils n'ont pas, pourquoi Jésus demande-t-il à ses disciples de « retourner à l'état des enfants ? » L'enfant vit un état de fait que l'adulte ne doit jamais oublier : il n'est pas source de lui-même ; enfant, il est fils ou fille de... Sa qualité est de recevoir la vie et d'y consentir. L'enfant trouve son équilibre dans l'amour de ses parents qui lui montrent la vie, le monde... Pour le chrétien, Dieu est son Père.

Souffrir de ne pas être reconnu peut engendrer l'orgueil, l'ambition, la course au pouvoir, le désir de revanche sur la société parce que l'on pense être mal né... Le mal de reconnaissance est cause aussi des jalousies, des disputes, des querelles, il infeste les familles au moment de « partager » l'héritage... Une bonne éducation canalise ces « penchants mauvais » pour reprendre une expression liturgique. La recherche de l'humilité sera aussi précieuse. Mais tout cela n'est pas décisif. Nous guérissons de cette souffrance en découvrant enfin que nous sommes reconnus par Dieu. C'est Lui qui est notre père... Attendre des hommes la reconnaissance, est fondamental. Mais pour apprécier l'estime que nous portent les autres en vérité, il est nécessaire de recevoir d'abord sa vie de Dieu. Il est mon père ! C'est la constatation la plus universelle qui rend fraternel à tous et apaise les querelles de préséances. Chacun retourne « à l'état d'enfant ». Nous sommes aimés de Dieu. Nous pouvons alors aimer les autres, nous donner tout entier pour le bien du monde.

En plaçant au milieu de ses disciples un petit enfant, Jésus nous dévoile sa nature. « Celui-ci est mon Fils bien-aimé, qui a toute ma faveur » (Matthieu 3, 17), s'entend-il dire par son Père, au baptême reçu par Jean. Jésus vit de son Père, pour son Père. Alors il se donne totalement aux hommes. La vie, pour chacun, est donc bien de recevoir et de donner, jamais de prendre et de garder. Logique de vie, d'amour, de bonheurs reçus et redonnés sans cesse aux autres… Ou bien logique de mort, d'envie, de jalousie et de haine, de malheur : prendre tout pour soi, ne penser qu'à soi. « Celui qui voudra devenir grand parmi vous, sera votre serviteur, et celui qui voudra être le premier sera votre esclave. C'est ainsi que le Fils de l'homme n'est pas venu pour être servi, mais pour servir et donner sa vie en rançon pour la multitude » (Matthieu 20, 26-27).

8

Combien de fois mon frère pourra-t-il pécher contre moi et devrai-je lui pardonner ? Irai-je jusqu'à sept fois ?

(Matthieu 18, 21)

Pierre, s'avançant, lui dit : « Combien de fois mon frère pourra-t-il pécher contre moi et devrai-je lui pardonner ? Irai-je jusqu'à sept fois ? » Jésus lui dit : « Je ne te dis pas jusqu'à sept fois, mais jusqu'à soixante-dix-sept fois. »

Pierre pense être généreux : sept fois est un chiffre d'or indépassable, semble-t-il ! Disons avec humour que dans ces moments difficiles, compter jusqu'à sept est presque un record ! Cependant nous sommes dans l'addition : on compte… Jésus change d'ordre : il donne un chiffre incalculable pratiquement : il va jusqu'à « soixante-dix-sept fois » ; il passe même à la multiplication : certaines traductions donnent : « jusqu'à soixante-dix fois sept fois », ce qui invite à pardonner quatre cent quatre-vingt-dix fois… Pierre pensait avoir une miséricorde large ; celle de Jésus est infinie. La question est claire : Y a-t-il une limite au pardon ? Jésus n'en met aucune.

Quel est le problème ? Il est de compter les fautes de nos frères, de les additionner. Compter, c'est mesurer l'autre, c'est en prendre possession, c'est l'obliger à passer par nos vues, c'est le juger. C'est une manière de l'étouffer et de le tuer. Il est une manière de pardonner qui sent les traités de Louis XIV : il y avait toujours, dans un traité de paix, une clause très difficile à respecter et qui permettait de repartir en guerre et de la gagner, pensait-on ! On pardonne, mais la sanction n'est jamais loin ! Au contraire un long apprentissage est à faire pour éduquer notre sensibilité. Une offense nous a blessés : pardonnons sans tarder. Tant de choses sont injustes et désagréables. Oui, mais elles ne sont pas fondamentales. N'est-il pas plus adapté à la pauvreté de notre condition humaine, de pardonner, de ne plus voir, de tourner la page, de sourire à nouveau. Une habitude est à prendre : une habitude, c'est le mot, car les exercices quotidiens ne manquent pas. Ces nombreux pardons petits et moyens, faciles ou douloureux, permettent alors d'affronter les grands pardons de la vie qui nécessitent patience et délicatesse pour guérir les blessures. Pourtant ces pardons seront déjà portés par ce mouvement quotidien de miséricorde, par la vie du pardon en nous.

Jésus nous invite à ne pas compter nos pardons, à entrer dans une miséricorde infinie, celle de son Père. Le Père pardonne toujours, sinon il ne serait plus le Père.

Qu'est-ce qu'un amour qui a des bornes ? Le pardon de Dieu n'est pas arrêté, car il est fruit d'un amour qui fait la vérité, il est fruit d'un amour qui tend la main pour relever, comme le Père de l'enfant prodigue. Entrer dans la miséricorde de Dieu n'est donc pas regarder tout comme sans importance. Au contraire, plus l'amour de Dieu nous habite, plus nous pouvons affronter les ténèbres. L'amour en nous n'est pas déstabilisé, il est prêt à donner le pardon ; cet amour venant de Dieu ne peut être que sans bornes. Il faut ajouter encore que le pardon de Dieu devance le pécheur, il l'attend. Nous pouvons le comprendre et le vivre. Comme le dit parfois la mère à son enfant : « Tu es déjà tout pardonné. » Notre pardon peut aller jusque-là.

Entrer dans un pardon sans limites est fruit de ces habitudes, de ces petits pardons faits quotidiennement. Mais il faut aussi l'Esprit Saint, envoyé pour le pardon des péchés. L'Esprit fait entrer dans la réalité de ce pardon infini du Père, il nous introduit dans l'amour où Dieu ne compte pas. Il y faut du temps et une longue supplication. Il y faut parfois de la souffrance, un grand renoncement à soi, une humilité certaine. Mais alors le Père vient et passe par nous. La puissance de sa vie emporte les obstacles. Surtout, le Père simplifie ces pardons apparemment si difficiles à donner. Oui, il faut du temps. Mais dans cette patience, la grâce de Dieu agit.

Faut-il pardonner à l'autre même si celui-ci ne nous le demande pas ? Faut-il continuer d'être miséricordieux même si l'autre reste indifférent ? Jésus répond à cette question par la parabole qui suit, celle du débiteur impitoyable (Matthieu 18, 23-35). Cet homme devait à son maître une somme considérable ; le maître lui remet sa dette. Sorti libre, cet homme trouve un collègue qui lui devait peu d'argent mais qui était dans l'incapacité de le rembourser. Or cet homme à qui le maître venait de remettre une dette immense n'eut aucune pitié pour ce collègue qui lui devait peu. Cet homme avait donc été pardonné par le maître, mais le pardon, il ne l'avait pas reçu : la preuve en est qu'il n'avait pas pardonné à son tour. Que comprendre ? Que dit Jésus à Pierre qui vient de l'interroger ? Qu'il n'y a pas de limite au pardon. Même si l'autre n'est pas prêt à le recevoir, il faut toujours lui offrir le pardon, jusqu'à soixante-dix-sept fois sept fois. Ayant fait cela, confions à la miséricorde de Dieu celui qui recevra le pardon, aujourd'hui ou plus tard.

9

Qui donc peut être sauvé ?

(Matthieu 19, 25)

Les disciples restèrent tout interdits : « Qui donc peut-être sauvé ? » disaient-ils. Fixant son regard, Jésus leur dit : « Pour les hommes c'est impossible, mais pour Dieu tout est possible. »

Les disciples sont consternés. Un jeune homme, religieux, pratiquant les commandements avec zèle et amour, riche aussi, est venu trouver Jésus pour lui demander ce qu'il faut « faire pour avoir la vie éternelle ». Les disciples ont remarqué que Jésus appréciait la qualité de cet homme ; eux-mêmes le verraient bien parmi eux à la suite du Seigneur. Mais tout a basculé. Comme le jeune homme a déjà fait un grand chemin dans l'observance de la Loi, Jésus lui propose davantage : « Si tu veux être parfait, va, vends ce que tu possèdes et donne-le aux pauvres, et tu auras un trésor dans les cieux ; puis viens, suis-moi. » Là tout change. « Le jeune homme s'en alla contristé, car il avait de grands biens. » La richesse lui colle à la peau et le trésor du ciel est trop lointain. Consternation générale : cet homme aurait pu être un grand apôtre, il ne le sera pas. Jésus prononce alors ces paroles : « Il sera difficile à un riche d'entrer dans le Royaume des Cieux. Oui, je vous le répète, il est plus facile à un chameau de passer par un trou d'aiguille qu'à un riche d'entrer dans le Royaume des Cieux. » Le désarroi des disciples redouble, d'où leur question : « Qui donc peut être sauvé ? »

Il ne faut pas se tromper. Les richesses ne sont pas mauvaises en elles-mêmes. Jésus ne veut pas mettre tout le monde dans la misère ! Il n'aurait pas pu avoir grande estime pour le jeune homme riche si sa richesse avait été mal acquise. Alors que demande Jésus ? Que nous ne soyons prisonniers de rien. De rien : ni de la richesse, ni de la joie d'appartenir à une culture ou à une famille, à un peuple. Jésus nous demande d'être libres. Le fait d'avoir quelque chose peut nous rendre esclave de cette chose, grande ou petite : l'argent, la race, la religion même, tout peut devenir idole et prendre la place de Dieu. La tentation est toujours là, forte. Pour nous libérer, Jésus ne nous demande pas de faire comme si nous n'avions rien, grâce à une technique ascétique qui nous centrerait sur nous-mêmes, mais de « donner aux pauvres ». La charité à l'égard des autres est toujours le critère d'une authentique vie avec Dieu.

Les disciples peuvent comprendre tout cela, et nous aussi. Pourtant, ils sont consternés. Pourquoi ? Qu'y a-t-il de si difficile à comprendre, qui les pousse à s'exclamer : « Qui donc peut être sauvé ? » À cette époque, la richesse était signe de bénédiction de Dieu : on était riche par faveur divine. Le riche pouvait offrir de nombreux sacrifices au Temple pour la gloire de Dieu. Il pouvait aussi multiplier les dons aux pauvres. Jésus renverse les valeurs : il ne déclare pas que la richesse est mauvaise, mais il dit qu'elle n'est pas forcément bénédiction de Dieu et même qu'elle peut lui faire obstacle. C'est le cas du jeune homme riche. En effet, sa richesse lui permettait de donner, d'être généreux, mais elle l'empêchait surtout de s'attacher totalement et définitivement à Dieu. Elle le retenait tel un lien à son pied. L'originalité de la demande de Jésus est donc bien là : il ne propose pas d'abord une ascèse de vie, la pauvreté ; il ne souhaite pas seulement que nous partagions nos biens aux pauvres ; il demande que nous le suivions, lui, que nous nous attachions à lui radicalement, que nous soyons libres pour lui et pour lui seul.

Quand on a de grands biens quels qu'ils soient, tout quitter est très difficile. Quitter les richesses matérielles est plus facile parfois que de quitter les biens affectifs, les attachements à soi et aux autres, et même les richesses spirituelles que l'on pense venir de Dieu. Jean de la Croix dit que le pire des dangers est d'avoir « une âme propriétaire » ; les découvertes des richesses de Dieu peuvent devenir notre bien : nous n'en sommes plus alors les serviteurs. La tentation, depuis Adam et Ève, est d'« avoir », d'avoir pour soi. Cela ferme la porte à Dieu. L'expérience faite par beaucoup d'entre nous est que tout quitter, se quitter soi-même est très difficile. « Il est plus facile à un chameau de passer par un trou d'aiguille qu'à un riche d'entrer dans le Royaume des Cieux. » Voilà notre réalité ! Toujours quelque chose nous retient. Quand serons-nous libres pour suivre totalement le Seigneur ?

« Pour les hommes c'est impossible, mais pour Dieu tout est possible. » Dieu seul peut nous libérer de certaines attaches qui nous lient. Dieu seul peut le faire, simplement, dans la paix. Combien peuvent aller vers Dieu alors que tout semblerait les en empêcher ! Cette réponse de Jésus rend espérance à tous. Même si certains quittent tout, comme c'est le cas dans la vie consacrée, l'appel à suivre le Seigneur sans aucune entrave concerne tout le monde.

10

Voici que nous, nous avons tout laissé et nous t'avons suivi, quelle sera donc notre part ?

(Matthieu 19, 27)

Prenant la parole, Pierre lui dit : « Voici que nous, nous avons tout laissé et nous t'avons suivi, quelle sera donc notre part ? » Jésus leur dit : « En vérité je vous le dis, à vous qui m'avez suivi : dans la régénération, quand le Fils de l'homme siégera sur son trône de gloire, vous siégerez vous aussi sur douze trônes, pour juger les douze tribus d'Israël. Et quiconque aura laissé maisons, frères, sœurs, père, mère, enfants ou champs, à cause de mon nom, recevra bien davantage et aura en héritage la vie éternelle. Beaucoup de premiers seront derniers, et de derniers seront premiers. »

Voilà une question qui nous rejoint tous. Il est si humain et si juste de se la poser. Nous avons tellement fait pour le Seigneur, pour les autres… Qu'aurons-nous en retour ? Certains ont fait le choix de la vie consacrée et il aura fallu bien des combats pour rester fidèle ou tout simplement pour œuvrer au service confié… « Qu'est-ce qu'on aura ? » D'autres, tout en gardant les biens de ce monde, cherchent à ne pas s'y attacher et à les utiliser avec la charité qui vient de Dieu. « Qu'est-ce qu'on aura ? » D'une manière ou d'une autre, tous, nous avons dû nous battre pour tout quitter, donner, nous ouvrir à autrui. Comment ne pas nous reconnaître dans l'énumération faite par Jésus : maisons, frères, sœurs, père, mère, enfants… ? Comme il aura fallu du temps, des larmes toujours, pour que nous puissions nous détacher, pour laisser les êtres et les choses vivre… et nous rendre disponibles à Dieu et aux autres !

« Quelle sera donc notre part ? » La question de Pierre nous rejoint profondément. Elle ne vient pas de l'orgueil ou de l'égoïsme, d'un désir de ramener tout à soi, mais du désir de voir nos sacrifices porter du fruit. Nous pourrions traduire la question de Pierre : tous nos sacrifices, à quoi servent-ils ? Nous pouvons quitter bien des choses, nous priver de beaucoup, mais qu'au moins cela serve à ceux que nous aimons, à tous. C'est à cette question, si présente en nos cœurs, que Jésus va répondre.

La réponse de Jésus peut paraître lointaine de prime abord. « Siéger sur douze trônes »… Comprenons l'image. Dans les tympans de nos cathédrales, nous les voyons tous, apôtres du Seigneur, siéger dans la majesté et la simplicité de la gloire de Dieu. Les apôtres nous regardent avec bienveillance et joie, ils jugent en vérité et en toute bonté. Ils inaugurent un monde nouveau, fait de miséricorde, de pardon, tout emplis de la lumière de la Résurrection de leur Seigneur. Rien n'assombrit leur regard car ils sont là pour « juger » c'est-à-dire « sauver » le monde. Il leur aura fallu bien des conversions, des sacrifices et le don jusqu'à la mort pour en arriver là, pour avoir ce regard si limpide sur nous ! Regard qui espère et qui construit.

Voilà la récompense. Aux questions : À quoi ça sert ? Qu'est-ce qu'on aura ? le Seigneur répond : vos vies servent, elles sont fécondes. Nos vies, leurs joies et leurs peines vécues pour le Seigneur et pour le bien des autres, nos vies « jugent », sauvent ce monde. Nos sacrifices, nos efforts, nos privations quotidiennes comme nos joies aussi, tout cela rejoint les profondeurs de l'humanité pour la tourner vers le bonheur de Dieu. Nous construisons ainsi ce monde. Certes, il y a une longue attente parfois. Les parents le savent : devant leurs enfants qui grandissent, il faut souvent se taire, être là en silence, être ouvert à la confidence, parler avec respect et clarté... Tout cela est soutenu par un grand amour et une grande espérance... Voilà le jugement quotidien de ce monde. Nous ouvrons notre cœur et nous espérons en son avenir. Ainsi nous lui permettons de vivre. Cette récompense n'est pas abstraite. La joie est là de pouvoir apporter cette ouverture de soi, cette disponibilité du cœur à ceux que nous aimons, bien sûr, mais aussi à beaucoup. Notre récompense est la fécondité du salut de Dieu à travers nos vies.

Nous comprenons alors la cohérence de la récompense donnée par le Seigneur. Il dit : Vous aurez « bien davantage »... Et saint Marc écrit : « le centuple ». Nos vies sont fécondes pour ceux que nous aimons. Nous le savons dans la foi : même si nous ne voyons rien, même s'il semble que nous faisons des efforts et des sacrifices inutiles pour telle ou telle personne, Dieu entend, Dieu protège cette personne que nous aimons. Davantage, Dieu multiplie ce don de nous-même en grâce pour tous les hommes. Nous verrons au ciel la portée universelle de notre vie ! Ah ! Penserons-nous : pourquoi avoir offert si peu ! Mais déjà nous comprenons et nous offrons.

Un mot conclut ce que Jésus nous dit sur « la part » que nous aurons. Ce mot, c'est « l'héritage ». Tout ce qu'il vient de dire à ses apôtres, tout ce qu'il nous promet, c'est la vie même de son Père. Le Père donne. Le Père nous livre son Fils pour « sauver » le monde. Le Père regarde chacun, et nous tous ensemble, avec amour, espérance. Le Père veut qu'aucun de nous ne soit perdu. « L'héritage », c'est cet amour pour tous, qui commence d'habiter en nous. C'est cette longue patience qui ne désespère jamais d'autrui.

« Beaucoup de premiers seront derniers, et de derniers premiers » conclut Jésus. Les puissants de ce monde ne sont pas toujours ceux que l'on croit. Ceux qui portent le monde, ceux qui lui donnent la vie, sont ceux qui aiment comme le Seigneur nous a aimés. Ils restent cachés. Mais Dieu les voit et, pour lui, ils sont « premiers ».

11

Comment, en un instant, le figuier est-il devenu sec ?

(Matthieu 21, 20)

Les disciples dirent tout étonnés : « Comment, en un instant, le figuier est-il devenu sec ? » Jésus leur répondit : « En vérité je vous le dis, si vous avez une foi qui n'hésite point, non seulement vous ferez ce que je viens de faire au figuier, mais même si vous dites à cette montagne : "Soulève-toi et jette-toi dans la mer", cela se fera. Et tout ce que vous demanderez dans une prière pleine de foi, vous l'obtiendrez. »

De quoi s'agit-il ? D'un figuier qui ne pouvait pas donner de fruits parce que ce n'était pas la saison (précision de saint Marc !). Ce figuier est semblable à nous. Il y a des choses impossibles qu'il ne faut pas nous demander. C'est au-dessus de nos forces.

Jésus a fait un geste étrange, il a agi comme un prophète : il dessèche un arbre non coupable pour attirer l'attention de façon forte… La veille, Jésus était venu au temple de Jérusalem : il avait faim de la foi du peuple et il n'a rien trouvé ; il a même chassé les vendeurs du Temple. Cet arbre-là – ces gens qui vivent dans le Temple sans foi ni loi, le Temple –, cet arbre est coupable. À la différence du figuier pour lequel ce n'était pas la saison des figues, le temps où est venu Jésus en ce monde est le temps favorable pour se convertir et le suivre. Voilà ce qui explique la réaction de Jésus. Lorsqu'il n'y a pas de fidélité à Dieu, tout se dessèche, devient stérile comme le figuier…

Cette histoire nous concerne. Nous pouvons comprendre la question et l'étonnement des disciples. Le peuple est peut-être loin de Dieu, mais faut-il trop exiger de lui ? Ne faut-il pas plus de souplesse ? Et puis, il y a la question de nous tous : il ne faut pas nous demander ce que nous ne pouvons donner ! Comprenons : il y a des résistances en nous. Nous avons sans doute fait beaucoup pour le Seigneur et pour les autres. Nous avons assoupli notre caractère, travaillé notre cœur, notre sensibilité… Des conversions ont été faites, des résistances sont tombées. Mais vient le moment où l'on touche comme le fond, le sol, la pierre de nous-mêmes. Là, nous ne pouvons plus bouger, c'est notre résistance fondamentale que bien souvent nous ne savons pas nommer. Il nous semble que nous n'irons jamais plus profond. Nous ne pouvons plus donner davantage, pensons-nous. Nous sommes arrivés au bout. Or Jésus demande apparemment davantage, voire l'impossible. Il nous demande de faire sauter cette résistance profonde. Le figuier qui ne donne pas de fruit parce que ce n'est pas la saison raconte bien notre histoire. Sommes-nous coupables de ne pas pouvoir aller au-delà ? Nous ne le savons pas… Or Jésus demande davantage ! Que faire ?

Que faire ? Comment sortir de cette terrible impression d'une impossibilité à faire plus pour Dieu et les autres ? Jésus donne la réponse : la foi, « une foi qui n'hésite point ». Jésus nous redit régulièrement cette conviction. La foi « déplace les montagnes ». Comment cela se passe-t-il ? Au départ, la première chose à faire est d'accepter devant Dieu ce sentiment d'impuissance, notre pauvreté. Cela libère et donne la paix. Se sentir coupable est écrasant ; se reconnaître devant Dieu pauvre, limité, c'est déjà s'ouvrir à lui. Jésus a rencontré bien des pécheurs qui se sont ouverts à lui : ils ont reçu alors sa grâce et ont changé des choses impossibles dans leur vie. Jésus a rencontré aussi des gens suffisants, pleins d'eux-mêmes : ceux-là n'ont pas bougé, « ils ne mouillent pas à la grâce », dit Péguy.

Accepter devant Dieu de ne pouvoir faire davantage. Oui, mais il faut aller plus loin ! Progressivement, le Seigneur nous fait voir autrement. Le brouillard se retire, des issues paraissent. L'important dans la vie est de savoir la regarder. Or notre regard est souvent négatif, désabusé, sans espoir… Nous avons déjà tout essayé. La maturité, c'est de ne pas rêver ! Une certaine façon d'être adulte conduit à devenir sec : il n'y a plus de place pour l'impossible, le risque, le don jusqu'à l'extrême. Ce brouillard sur la vie est bien épais. La foi, elle, fait lever le soleil et ouvre l'espérance. « Tout ce que vous demanderez dans une prière pleine de foi, vous l'obtiendrez », dit Jésus. La foi fait voir autrement : en Dieu est la lumière. En lui, mettons tout ce que nous vivons, même le raisonnablement impossible… Alors le Seigneur agit ; presque toujours, il rend les choses simples et naturelles, et signe son passage en donnant la paix.

Nous connaissons de multiples exemples de celles et de ceux qui ont donné du fruit hors saisons : les martyrs qui ont trouvé la force en eux de confesser la foi ; celle-là qui a été capable de pardonner l'impardonnable… Combien, après avoir raconté leur vie, concluent : « Je n'étais pas préparé à ça ! » Et « ça », ce miracle de la fidélité ou du pardon ou encore de l'ouverture au monde, « ça » a été possible. Nous sommes capables de beaucoup. Jésus débusque rapidement nos courtes vues qui voudraient restreindre nos capacités. Le tentateur sera toujours celui qui nous met devant nos impossibilités. Dieu nous fait confiance.

Quand nous arriverons en paradis, n'oublions pas d'aller visiter le figuier qui nous a servi de leçon pour « espérer contre toute espérance » ! (Romains 4, 18.) Au ciel, il a toujours des figues pour calmer la faim du Bon Dieu !

12

Serait-ce moi, Seigneur ?

(Matthieu 26, 22 et 25)

Fort attristés, ils se mirent chacun à lui dire : « Serait-ce moi, Seigneur ? » Il répondit : « Quelqu'un qui a plongé avec moi la main dans le plat, voilà celui qui va me livrer ! Le Fils de l'homme s'en va selon qu'il est écrit de lui ; mais malheur à cet homme-là par qui le Fils de l'homme est livré ! Mieux eût valu pour cet homme-là de ne pas naître ! » À son tour, Judas, celui qui allait le livrer, lui demanda : « Serait-ce moi, Rabbi ? – Tu l'as dit », répond Jésus.

Deux questions, apparemment similaires, s'affrontent ici. Pourtant, l'une vient du respect et de l'amour ; l'autre, de la haine et de la mort. Elles sont dramatiques.

Jésus annonce qu'il sera trahi. « Fort attristés, ils [les Douze] se mirent chacun à lui dire : « Serait-ce moi, Seigneur ? » Quelle tristesse en effet ! Comment ces hommes si attachés à leur Seigneur et Maître, peuvent-ils imaginer qu'ils soient capables d'une chose pareille ? Leur vénération et leur amour en sont bouleversés. Il est émouvant de voir ces apôtres, fidèles à Jésus depuis le début, l'interroger l'un après l'autre. Nulle question n'est plus douloureuse ! C'est comme une mort pour eux. À la messe, le prêtre dit bien, mais heureusement dans la paix : « Que je te sois fidèle, que je ne sois jamais séparé de toi. » Prière de tout le peuple aussi.

« En vérité je vous le dis, l'un de vous me trahira. » Pourquoi Jésus annonce-t-il la trahison de Judas en termes généraux ? Il ne peut que semer le trouble parmi des innocents. Justement, Jésus agit par miséricorde : il veut prévenir ses disciples et les établir dans la paix avant que les choses n'arrivent. Troublés, les apôtres se voient obligés d'interroger Jésus, chacun à son tour, et de lui montrer ainsi leur attachement à son égard. Voilà ce qui est un premier pas vers le calme. Il n'y a rien en effet de plus inquiétant et de plus nocif pour un groupe qu'une situation non éclaircie : ce ne peut être que source de division. Jésus songe à l'avenir proche.

Jésus a provoqué leur tristesse mais aussi leur confiance en lui. Il désigne maintenant le traître : « Quelqu'un a plongé avec moi la main dans le plat, voilà celui qui va me livrer. » Jésus désigne le traître, mais de façon voilée. Judas, lui seul, peut comprendre ce que dit Jésus. Si Jésus avait « donné » le nom du traître aux disciples, c'eût été « livrer » cet homme à la fureur des apôtres ! C'eût été avoir le même geste que Judas (Matthieu 26, 14-16). Démarche impensable pour celui qui « aime ses ennemis » (Matthieu 5, 43). Parlant ainsi de façon voilée, Jésus innocente clairement ses apôtres et il protège Judas par l'anonymat de sa parole.

Jésus annonce qu'il sera « livré ». Pourquoi agit-il ainsi ? Nous avons déjà des éléments de réponses : pour que les disciples, prévenus, se souviennent, au moment des faits, que Jésus avait confiance en chacun d'eux. Il y a encore deux raisons. L'une tient à Jésus lui-même. L'autre à Judas. Annonçant cette terrible trahison, Jésus se met comme au-dessus d'elle. Il est le maître du don de lui-même : ce n'est pas Judas qui le surprendra. Il parle par honneur, par respect pour lui-même et pour celui qui l'a envoyé. « Nul ne prend ma vie, c'est moi qui la donne » (Jean 10, 18). Mais il faut ajouter que Jésus ne se résigne pas à perdre Judas. Les paroles terribles qu'il profère à son égard, et que nous venons de lire, sont à la mesure du mal si radical qui habite Judas. Pensons pour l'instant qu'elles sont un appel retentissant pour ébranler Judas, pour qu'il abandonne ce qui ne peut que le conduire au « malheur ».

Judas est maintenant prévenu. Il est protégé par la discrétion de Jésus, mais pas totalement encore par sa conscience. Que fait-il ? Il interroge comme les autres ! Il est pourtant gêné : il n'appelle pas Jésus « Seigneur », mais « Rabbi ». Dans son cœur, il est déjà loin du groupe des apôtres, loin de la foi, loin de l'espérance du salut… La réponse de Jésus est simple : « Tu l'as dit. » Cette parole montre plus clairement encore, si c'était nécessaire, que Judas est bien démasqué. Jésus le renvoie à sa conscience et à sa propre responsabilité. Judas ne répond pas. C'est le silence.

Pour conclure ce récit, revenons à ces paroles si terribles de Jésus : « Mieux eût valu pour cet homme-là de ne pas naître ! » Nous connaissons la mort horrible de

Judas racontée par Matthieu (27, 3-10) ou par les Actes (1, 16-19). Que dire ? Que penser devant une telle destinée, plus tragiquement encore décrite par Jean ? Le silence s'impose. Seul Dieu est juge, pas nous. Seul le Père connaît le fond de certaines âmes qui sont responsables de la mort effroyable de tant d'hommes et de femmes… Seul Dieu sait. Pourtant voici notre espérance. Lorsque Matthias a été élu pour être à la place de Judas et ainsi « mis au nombre des douze apôtres » (Actes 1, 26), il a dû souvent se souvenir de celui qui l'avait précédé. Rendu fort par la résurrection du Christ, nul mieux que lui n'a pu comprendre la profondeur et l'immensité de la miséricorde de Dieu. Ne désespérons jamais de personne… ni de nous-mêmes !

Marc

13

Ceux de son entourage avec les Douze l'interrogeaient sur les paraboles

(Marc 4, 10)

Ceux de son entourage avec les Douze l'interrogeaient sur les paraboles. Et il leur disait : « À vous le mystère du Royaume de Dieu a été donné ; mais à ceux-là qui sont dehors tout arrive en paraboles, afin qu'ils aient beau regarder et ils ne voient pas, qu'ils aient beau entendre et ils ne comprennent pas, de peur qu'ils ne se convertissent et qu'il ne leur soit pardonné. »

Que s'est-il passé ? Jésus parle avec violence. Son langage abrupt ne doit pas nous tromper. Jésus répond en citant le prophète Isaïe (6, 9-10) : c'était déjà la violence de l'amour. Dieu aime son peuple et montre sa fureur, sa colère devant le mal qui envahit Israël. Jésus aime et il ne supporte pas l'aveuglement des hommes. Sa dureté apparente est à la mesure de son refus d'accepter que certains se perdent. Que voit Jésus ?

Le père Lagrange a une remarque profonde. « La religion, en elle-même un remède, devient un poison pour qui la bafoue. » Si nous utilisons la religion chrétienne pour apprendre à aimer, à pardonner, à pratiquer la justice, nous entrerons dans la lumière et la vie ; la paix et le bonheur viendront ; nous vivrons en bonne intelligence les uns avec les autres. Mais la religion peut être détournée, « bafouée » : nous pouvons, par exemple, utiliser notre aura spirituelle ou notre responsabilité religieuse pour asservir les autres. Le « poison » de la discorde, poison mortel, s'installe. Les exemples autour de nous sont multiples…

Jésus constate douloureusement cet endurcissement progressif de certains autour de lui. La religion leur sert entre autres d'instrument de domination. Davantage encore. Jésus constate que plus il parle, plus les uns deviennent sourds, plus il montre la lumière, plus d'autres deviennent aveugles. Comme dit la sagesse populaire : « Il n'y a pas de pire sourd que celui qui ne veut pas entendre ! » Jésus voit cette fermeture progressive de beaucoup. C'était inévitable : Jésus, le pur, le saint, le Fils de Dieu, s'est fait homme, il est entré dans un monde pollué par le péché, asservi par les ténèbres… Il ne peut que déranger ceux qui habitent tranquillement le péché. Jésus est admiré. Il sera aussi profondément haï. Lui, la lumière, éclaire ses disciples qui veulent vivre selon Dieu. Cette lumière aveugle ceux qui ne vivent que dans les ténèbres et ne supportent pas la lumière de la vérité. Désolation de Jésus.

Jésus constate encore ceci : cet endurcissement progressif des cœurs, ira jusqu'au bout de sa logique, jusqu'à sa condamnation à mort. Il sera rejeté. Il n'y a pas de demi-mesure dans la rencontre entre le saint et le monde des ténèbres. Il n'y a pas d'accord possible. C'est ou l'un ou l'autre. Les ténèbres auront leur heure, elles auront le dessus. Pourtant il y a un précédent. Pharaon, endurci, veut asservir et tuer le peuple de Dieu jusqu'en ses petits enfants : ce sera l'occasion pour Dieu de susciter Moïse qui conduira Israël vers la liberté. Jésus connaîtra la mort, mais il ressuscitera.

Voici la logique de l'amour de Dieu. Il ne veut l'endurcissement de personne, mais chacun garde toujours sa liberté. Il n'est pas une fée qui changerait ce monde où sont entrés le péché, le mensonge, la haine… Il est un Dieu qui vient au milieu de nous, qui devient en son Fils l'un des nôtres. Et là, en nous, il vit. Il ouvre notre cœur à l'amour, à la paix, malgré les pires malheurs. En nous, il fait surgir la résurrection. Regardons l'histoire de ceux qui furent pécheurs un temps… Plus tard, ce fut une occasion pour eux d'une conversion profonde et féconde. Oui, nous pouvons croire en cet amour indéfectible de Dieu. Croyons, nous aussi, que le salut rejoindra celui que nous aimons et qui semble tant s'éloigner de ce qui est bien… Espérons toujours !

« Ceux de son entourage avec les Douze l'interrogeaient sur les paraboles. » Pourquoi en effet parler des mystères de Dieu à ceux-là qui n'en veulent pas ? Jésus ne désespère de personne. Les paraboles font progresser ceux qui sont ouverts à Dieu. Et les autres ? Ces paraboles sont au moins comme des bouées de sauvetage lancées pour offrir le salut à ceux qui semblent n'en pas vouloir. Peut-être s'accrocheront-ils à quelques paroles dont ils se souviendront au moment des grands choix ? Jésus, Maître et Seigneur, veille sur nous tous, il veut tous nous sauver.

14

Maître, tu ne te soucies pas de ce que nous périssons ?

(Marc 4, 38)

Ils le réveillent et lui disent : « Maître, tu ne te soucies pas de ce que nous périssons ? » S'étant réveillé, il menaça le vent et dit à la mer : « Silence ! Tais-toi ! » Et le vent tomba et il se fit un grand calme. Puis il leur dit : « Pourquoi avez-vous peur ainsi ? Comment n'avez-vous pas de foi ? » Alors ils furent saisis d'une grande crainte et ils se disaient les uns aux autres : « Qui est-il donc celui-là, que même le vent et la mer lui obéissent ? »

La question des disciples est à peine polie ! Prenez l'accent de circonstance et vous trouverez vite ce que pensent les disciples… Peuvent-ils parler autrement ? C'est la tempête. Sur le lac de Galilée, on sait que les tempêtes peuvent être terribles. L'angoisse est donc grande. « Les vagues se jetaient sur la barque », ça bouge de partout, c'est l'affolement ! Jésus, lui, dort… On comprend le ton des disciples. Admirons aussi leur simplicité. Au-delà du reproche, il y a une confiance totale en leur maître. Tu es là, tu nous en sortiras sûrement !

Les tempêtes n'arrivent pas que sur le lac de Galilée ! Elles peuvent secouer notre vie, bousculer notre cœur, désemparer notre esprit. Ces tempêtes peuvent venir de crises intérieures, de notre entourage familial ou professionnel, de l'Église peut-être ; elles viennent à certains âges ; elles nous prennent par surprise souvent, alors que tout semblait calme en nous. Ces vents contraires peuvent être parfois mortels, du moins ils laissent des traces. Dans l'affolement intérieur, il nous arrive de n'être guère plus polis que les disciples à l'égard du Seigneur. Des reproches montent et c'est bien ; le dire au Seigneur est déjà un acte de foi. C'est parler à la manière de bien des psaumes. Dans la tempête, la première chose à faire est de prendre le psautier et de dire ces versets où le croyant fait monter vers Dieu ses incompréhensions, ses reproches : « Jusques à quand, Seigneur, seras-tu caché ? Jusqu'à la fin ? » (Psaume 88, 47.) La foi et la simplicité nous font parler ainsi. Au milieu des tempêtes, le croyant peut aussi dire : « C'est toi qui maîtrises l'orgueil de la mer ; quand les flots se soulèvent, c'est toi qui les apaises » (Psaume 89, 10).

Regardons maintenant l'attitude de Jésus. Il va manifester sa divinité : il domine la voix « des eaux innombrables » (Psaume 93, 4). Pour l'instant, Jésus semble être dans un autre monde… Il dort. Comment dormir dans un tel tumulte ? Si dans l'évangile de Marc, Jésus réagit aussitôt, dans celui de Matthieu, il prend son temps : il fait d'abord des reproches aux disciples pour leur manque de foi, puis il se lève et finit par faire taire la tempête… Le calme ! Dans nos affolements intérieurs, le Seigneur semble souvent ailleurs, il n'est pas pressé, il n'est pas au même rythme que nous. Il nous faut nous y habituer. Car Dieu marche au rythme de son amour, c'est-à-dire de sa confiance en nos profondeurs et non selon les aléas des tempêtes de surface. Nos profondeurs : là où se trouvent notre foi, notre véritable attachement à lui, là où naît notre regard juste et vrai sur la vie, là aussi où lui-même fait sa demeure. Dieu sait bien que notre navire et encore davantage celui de l'Église peuvent être secoués durement. Mais il fait confiance en notre solidité profonde. S'il nous reproche de manquer de foi, c'est parce que nous oublions que nous ne sommes pas sur une embarcation ordinaire, car il est là. Sa présence suffit : rien n'arrivera… enfin, rien de définitivement mortel, car il est le Seigneur de la Vie ! Toute secousse sera alors occasion de renforcement de la foi et de la paix.

Jésus n'est pas dans un autre monde, il est dans le monde de nos profondeurs, là où nous vivons en vérité avec lui, là où notre foi est solide. Le drame serait que le Seigneur ne soit pas dans la barque car, alors, tout serait perdu. Mais il est là. Souvent, nous sortons de nos épreuves, mouillés, secoués, choqués peut-être… Mais nous avons appris notre solidité. Le prix est fort parfois. Personne n'y échappe. Nous le savons : le Seigneur, le Crucifié, le Ressuscité, est là dans notre barque. Même s'il dort, il est notre force. Manquer de foi, c'est oublier que le Seigneur est là.

Il faut avouer que l'on met parfois du temps à s'en remettre. Les tempêtes sont si fortes ! C'est pourtant la dignité d'une vie de rester fidèle, de garder le cap. Les disciples s'étonnent, s'interrogent, s'émerveillent aussi : « Qui est-il donc celui-là, que même le vent et la mer lui obéissent ? » La guérison, la consolation, la paix sont là pour tous : le Seigneur viendra illuminer chacun, le rejoindra sur la route qu'il a prise. La miséricorde de Dieu est ainsi.

Il faut conclure. Gardons dans l'oreille l'apostrophe impérieuse de Jésus : « Silence ! Tais-toi ! » À certaines heures, devant de fortes tentations, c'est ce cri qu'il nous faut entendre. Jésus, le Fils du Dieu créateur, remet tout en place, en paix. Dans la prière, il convient de faire silence pour laisser le Seigneur interpeller nos tempêtes intérieures. Dans la vie avec les autres, nous avons cette expérience : quelqu'un nous a parlé avec fermeté et force, et sa parole de charité nous a calmés. Que le Seigneur nous bénisse ainsi les uns par les autres pour que jamais nous ne soyons perdus en mer !

15

Ses disciples l'interrogeaient sur la parabole

(Marc 7, 17)

Ses disciples l'interrogeaient sur la parabole. Et il leur dit : « Ne comprenez-vous pas que rien de ce qui pénètre du dehors dans l'homme ne peut le souiller, parce que cela ne pénètre pas dans le cœur… Ce qui sort de l'homme, voilà ce qui souille l'homme. »

Nous retrouvons ici la querelle qui oppose les pharisiens à Jésus sur la pratique des observances religieuses. À un légalisme étouffant, aux rites appliqués sans âme, Jésus privilégie, à la suite des prophètes d'Israël, le cœur, l'amour. Le but de la religion est d'aimer Dieu et le prochain. L'observance religieuse doit y aider et non l'empêcher. Revenons encore sur ce sujet.

Quelle est la question dans l'évangile de Marc ? Pour les contemporains de Jésus, il importait de se laver les mains en disant des prières particulières. Les mains devenaient « pures ». Marc ajoute une description de tous les rites avant la table. Il est clair que ces rites permettent de vivre tous les détails de la vie avec Dieu : c'est leur but. Mais lorsque tout cela est fait sans âme et sans attention à Dieu, on tombe vite dans le ritualisme dénoncé par Jésus. Le même raisonnement est appliqué pour les aliments, d'où les paroles de Jésus que nous commentons.

Comme nous l'avons déjà vu : pour nous aussi, le cœur, la foi donnent sens aux rites. Sans eux, ils deviennent vides. Cependant, il ne faut pas se méprendre. Si le temps est trop long à la messe, si la prière devient aride, faut-il arrêter ? Beaucoup le font parce qu'ils confondent le sentiment et la foi. Ce n'est pas le cas de tous. En effet, des personnes me disent souvent combien la prière leur semble longue, aride, la messe ennuyeuse... Invariablement, je me permets de tendre un piège dont je sais que mon interlocuteur sortira vainqueur : « La religion ne doit pas être un supplice ! J'espère que vous avez arrêté ! » Réponse : « Si j'arrête, je perds ma respiration ! Le Seigneur est là ! » Être fidèle aux obligations aide notre cœur à vivre avec Dieu, si du moins nous le voulons. Vivre de la foi, c'est aussi vouloir être fidèle malgré tous les obstacles.

La question a encore une autre portée. Les disciples interrogent leur maître parce qu'ils pressentent qu'il y a encore un autre enjeu dans ses paroles. Dire que c'est le cœur, la foi, qui donnent sens à tout, c'est donc affirmer que ce n'est pas d'abord la pratique. La conséquence est alors : tout homme peut avoir accès auprès de Dieu s'il croit. Or, comme Jésus, les apôtres sont juifs : cette affirmation est donc pour eux une ouverture extraordinaire. Les observances juives, même si elles sont bien vécues, ne doivent pas empêcher les païens de suivre le Seigneur. Pour le montrer, après cet enseignement, Jésus fait plusieurs voyages en dehors de la Galilée, en terre païenne, pour signifier que sa parole doit retentir partout sur la terre. Après la Pentecôte, les apôtres rejoindront tous les peuples. Pour Jésus, accomplir la Loi, c'est permettre à tous les hommes d'entrer dans la vie. Or, la vie de la Loi, c'est le Christ vivant dans l'obéissance à son Père, le Père de tous les hommes.

La conséquence pour nous est capitale. Comment vivons-nous les rites de nos liturgies ? Nous venons certes en nos églises pour déposer notre fardeau devant le Seigneur, pour recevoir sa force ; nous venons aussi par amour pour lui, pour être là, simplement ! Oui. C'est notre vie, jour après jour, semaine après semaine. Pourtant il demeure encore quelque chose d'essentiel à vivre. Une parole, dite par le peuple, est proclamée à l'Eucharistie : elle donne la structure profonde de toute prière : « Pour la gloire de Dieu et le salut du monde ». Nos rites sont accomplis pour la gloire de Dieu, c'est leur but premier. Cependant pour que, dans toutes nos vies, Dieu soit glorifié, nous désirons le salut du monde. Nos rites ne doivent pas empêcher l'ouverture des trésors de Dieu et de son Église à tous les hommes. Nous en avons conscience : nous sommes là, nombreux ou quelques-uns, autour de l'autel, mais c'est la terre, tous les peuples que nous présentons à Dieu pour que tous reçoivent vie et paix. Comme l'énonce le concile Vatican II : « L'Église est sacrement du salut pour le monde. »

Ensemble, nous avons à vivre nos liturgies habités par cette ouverture sur le monde. Dans notre cœur, nous croyons que, par la grâce de Dieu, nous apportons le salut et la paix au monde. Les observances de nos rites n'ont pas pour but « d'être en règle »… Prier, fût-ce dans l'intimité de sa chambre, aller à la messe, lire les Écritures, pratiquer bien des observances, ce n'est pas bénéfique seulement pour soi. Lorsque nous le faisons avec amour pour Dieu, Père de tous, nous sommes liés à tous les hommes. Pour eux, nous « pratiquons ». Voilà notre devoir fraternel, notre obligation de charité. C'est justice aussi : ce que nous avons reçu gratuitement, donnons-le gratuitement.

L'Esprit Saint nous fait entrer dans cette vue large. Par lui, « notre vie n'est plus à nous-mêmes, mais à lui [le Christ] qui est mort et ressuscité pour nous » (Prière eucharistique IV). Grâce à l'Esprit, nous entrons dans le don de Jésus pour le salut de tous. Nous ne pouvons pas déserter, car c'est l'amour pour ce monde qui nous habite.

16

Pourquoi nous autres, n'avons-nous pu l'expulser ?

(Marc 9, 28)

Ses disciples lui demandaient dans le privé : « Pourquoi nous autres, n'avons-nous pu l'expulser ? » Il leur dit : « Cette espèce-là ne peut sortir que par la prière. »

Dans un récit très détaillé, Marc (nous avons déjà commenté celui de Matthieu) raconte la manière dont Jésus a guéri un enfant habité par un mauvais esprit « qui le jette à terre, le fait écumer et grincer des dents… » Le père avait demandé aux disciples de le guérir… Ils n'en furent « pas capables ». Jésus sauva l'honneur. Puis les disciples interrogèrent Jésus et reçurent en réponse une invitation à la prière. Attardons-nous, ici, à la manière dont Jésus fit cette guérison.

D'abord c'est la colère. Descendant de la montagne où il fut transfiguré, Jésus retrouve ses disciples qu'entoure une grande foule, mais il y a aussi « des scribes qui discutent avec eux ». Jésus est comme une mère qui ne supporte pas que ses enfants jouent avec de mauvais sujets. Voir les disciples ainsi entourés, et leur incapacité à guérir l'enfant objet de discussions et probablement de moqueries, l'attriste profondément. Nous comprenons son apostrophe : « Engeance incrédule, jusques à quand serai-je auprès de vous ? » Nous connaissons nous aussi la difficulté de vivre dans un monde sans foi. Dans des familles, dans le travail, tant de personnes semblent si loin de Dieu, de l'Évangile, parfois du bon sens humain ! Il y a comme un étouffement, une nausée. Nous ne sommes pas de ce monde-là !... Pourtant le désir de sauver ne capitule jamais. Jésus est venu dans nos pires enfers pour tout guérir. Il n'empêche qu'il trouve ce monde irrespirable.

La deuxième étape du récit est très belle et nous parle. Jésus se fait médecin. On lui amène l'enfant. Un malade ne sait pas toujours expliquer son mal... C'est vrai aussi dans la vie spirituelle ! Mais ici, l'enfant a de la chance car il fait une bonne crise devant Jésus. Peut-être l'esprit mauvais ne supporte-t-il pas la présence du Sauveur ? En tout cas, c'est la crise. Le médecin peut voir. En bon praticien, Jésus demande : « Depuis quand cela lui arrive-t-il ? » Le père de l'enfant lui donne les réponses souhaitées. Arrêtons-nous. L'esprit mauvais s'est manifesté, mais il est resté « muet ». Plus tard, il sera appelé « impur » ; enfin, dans la bouche de Jésus, il est « muet et sourd ». Cet esprit-là est donc insaisissable. Comment dialoguer avec un esprit affublé de telles carences ? Lorsqu'il s'infiltre chez quelqu'un, quel drame ! Dans des communautés aussi, il peut arriver que des troubles profonds viennent sans que l'on en sache la raison. Rien ne se dit. Pourtant, tous sentent le malaise profond du groupe. Tout le travail sera de rendre les choses objectives, de les dire et de les entendre. Pour donner sa lumière, le Seigneur attend souvent que nous ayons fait d'abord ce chemin humain.

Revenons au récit. Médecin, Jésus s'appuie sur les réponses du père. Sauveur, Jésus va l'élever vers la foi, vers Dieu. Le père supplie : « Si tu peux quelque chose, viens à notre aide, par pitié pour nous. » Jésus lui répond en sollicitant et sa liberté et sa confiance : « Si tu peux !… Tout est possible à celui qui croit. » Aussitôt le père de l'enfant de s'écrier : « Je crois ! Viens en aide à mon peu de foi ! » Cette foi, en quoi consiste-t-elle ? En trois choses. D'abord, en sa confiance dans la puissance de Jésus. Ensuite en son humilité. Il ne fait pas une simple confession de foi que l'on pourrait suspecter d'être opportuniste. Il ajoute cette parole si familière aux disciples : « Viens en aide à mon peu de foi ! » Les disciples doivent se réjouir d'entendre cette demande, car eux n'ont pas été capables de guérir l'enfant et ils savent leur foi si pauvre… Jésus aime ces personnes-là, humbles et confiantes. Enfin, la foi de cet homme consiste en sa prière persévérante. Depuis le début, cet homme ne perd pas courage : les scribes discutent et les disciples échouent à venir en aide à son fils. Rien ne l'arrête. Il demande, il explique, il supplie, rien ne doit lui résister. C'est cette prière que Jésus va mettre en évidence devant ses disciples tout à l'heure.

Jésus guérit l'enfant en deux temps : l'esprit s'en va et le laisse comme mort ; puis Jésus lui prend la main et le relève, signe pascal sans doute. En tout cas, ceux qui ont été libérés d'un lourd passé savent qu'après le moment de la guérison, de la miséricorde reçue, il faut une longue période de convalescence, de relèvement. La grâce agit dans le temps.

En conclusion, Jésus recommande « la prière » à ses disciples pour chasser ces esprits-là. À la suite du père de l'enfant, nous le comprenons. C'est bien notre expérience. La prière est puissante. La prière, c'est laisser l'Esprit Saint respirer en nous. Elle fait trouver les mots, les gestes, les actes qui sont infiniment respectueux et audacieux pour aider quelqu'un. Quand nous ne prions pas, nous sommes éloignés de Dieu. Bien sûr, nous pouvons dire beaucoup de prières, réciter des psaumes, faire des pèlerinages. Qui n'est pas allé à Lourdes pour implorer la guérison d'un être cher ? La prière est pourtant d'abord un regard humble et pauvre vers Dieu, une confiance profonde qui ne cesse de nous accompagner. Voilà la puissance de la prière. L'Esprit Saint nous donne la persévérance de ce père qui demande la guérison de son fils à Jésus.

17

Rentrés à la maison, les disciples l'interrogeaient de nouveau sur le divorce

(Marc 10, 10)

Rentrés à la maison, les disciples l'interrogeaient de nouveau sur le divorce. Et il leur dit : « Quiconque répudie sa femme et en épouse une autre, commet un adultère à son égard ; et si une femme répudie son mari et en épouse un autre, elle commet un adultère. »

Les pharisiens ont interrogé Jésus : « Est-il permis à un mari de répudier sa femme ? » Le divorce est certes permis par la Loi de Moïse mais selon certaines conditions très strictes. Jésus répond : « C'est à cause de la dureté de votre cœur que Moïse a écrit pour vous cette prescription. Mais dès l'origine de la création *Il les fit homme et femme. Ainsi donc l'homme quittera son père et sa mère, et les deux ne feront qu'une seule chair* (Genèse 1, 27 ; 2, 24). Ainsi, ils ne sont plus deux, mais une seule chair. Eh bien ! ce que Dieu a uni, l'homme ne doit point le séparer. » Les disciples interrogent Jésus sur ce sujet. Essayons de comprendre la pensée du Seigneur.

Jésus ne se perd pas dans les problèmes d'école dans lesquels les pharisiens voudraient l'entraîner. Il va à l'essentiel. Dans le mariage, « ils ne sont plus deux, mais une seule chair ». Voilà l'essentiel qui détermine tout. Voilà ce qui est voulu par Dieu « dès l'origine de la création » pour le bonheur de l'humanité. L'unité est le but du mariage, elle est au cœur du désir de l'homme et de la femme. Là, ils trouvent leur joie. Cette unité vient de l'amour, l'amour qui dit ce qu'est Dieu, qui dit ce que sont l'homme et la femme créés à l'image de leur Créateur.

L'unité du mariage vient de l'amour. Quel est cet amour ? Le comprendre oriente souvent l'avenir et rend possible la fidélité. Il ne s'agit certes pas d'une fusion entre les personnes, rêve qui tourne toujours mal. Il s'agit encore moins d'une apparente unité où l'un domine l'autre. Nous savons cependant combien il faut du temps pour qu'un équilibre soit trouvé. L'amour n'est point le désir de secourir l'autre car l'amour se doit d'être égalitaire. L'amour qui fonde le mariage et donne l'unité pour toujours n'est pas uniquement le respect des différences ; être homme et être femme est la différence fondamentale et demande adaptation, intelligence, compréhension. Bien des différences sont là et elles sont magnifiques. Pourtant il y a un danger. Si le respect des différences devient l'essentiel, il risque de favoriser une vie parallèle à deux, bien plus que l'unité.

L'amour dans le mariage est avant tout un amour de complémentarité. Tout ce qui fait la richesse de l'un est offert à l'autre. Les joies, les peines, les espoirs et les moments difficiles construisent progressivement une unité. C'est là un mystère admirable. Cette complémentarité vient du « haut », c'est-à-dire de la volonté de deux êtres libres qui s'aiment. Elle vient aussi du « haut » de Dieu qui est source de l'amour. Il est admirable de voir comment un homme et une femme, pétris chaque jour de la parole et de l'amour de Dieu, trouvent chacun son épanouissement propre dans une harmonie profonde avec l'autre. Il y a volonté de mettre au centre l'amour de Dieu. Alors Dieu fait de plus en plus émerger son image dans cette unité entre un homme et une femme. Une connivence naît entre eux qui est celle de la vie de Dieu qui unit. Les mots sont souvent pauvres pour décrire un tel bonheur. Comment séparer ce que Dieu a uni ? Comment ne pas recevoir un tel bonheur ?

Un mot de la Bible, repris par Jésus, va nous éclairer encore : quitter. L'homme quitte, pour s'attacher. Il ne faut pas mésestimer cette réalité. Le mariage demande à l'un et à l'autre de « quitter ». Le père Caffarel, fondateur d'un mouvement de spiritualité conjugale, les Équipes Notre-Dame, aime dire que l'amour n'est jamais à séparer de l'« abnégation ». Ce dernier mot n'est pas très moderne, mais la réalité est claire et fondamentale. Dans le mariage il y a aussi le sacrifice de soi pour le bien de l'autre, il y a un renoncement de soi pour l'autre. C'est à vivre conjointement par l'un et l'autre. Ce qui permet cette « abnégation », c'est l'amour ; l'amour engendre aussi l'abnégation.

Dans bien des divorces, cette réalité a été oubliée ou bien occultée. Lorsque Jésus parle d'adultère dans sa réponse aux disciples, il parle de cette brisure de fond. Nous connaissons tous autour de nous des proches ou des amis qui se sont séparés. Il n'y a pas de condamnation à faire, devant ce qui est si douloureux. Nous présentons toujours des vœux de bonheur aux jeunes époux ; il faut aussi les prévenir : il y a un « prix » à l'amour… La perspective d'un effort, d'une perte de soi, d'un sacrifice, loin de faire peur, encourage. Quand on aime, que ne ferait-on pas ? Celui qui a trouvé une perle vend tout ce qu'il a pour l'acquérir ! Encore une fois, ne jugeons personne. Mais ceux qui se donnent l'un à l'autre pour toujours apprécient le rappel du « prix » à mettre, de la qualité de l'amour à donner. Ce don de soi si heureux, si difficile aussi à certaines heures, donne dignité à chacun et construit la fierté commune. C'est la fierté des victoires remportées non sans mal parfois. Mais Dieu, et eux, leur amour, ont eu le dernier mot.

18

Où veux-tu que nous allions faire les préparatifs pour que tu manges la Pâque ?

(Marc 14, 12)

Ses disciples lui disent : « Où veux-tu que nous allions faire les préparatifs pour que tu manges la Pâque ? » Il envoie alors deux de ses disciples, en leur disant : « Allez à la ville ; vous rencontrerez un homme portant une cruche d'eau. Suivez-le, et là où il entrera, dites au propriétaire : "Le Maître te fait dire : Où est ma salle, où je pourrai manger la Pâque avec mes disciples ?" Et il vous montrera, à l'étage, une grande pièce garnie de coussins, toute prête ; faites-y pour nous les préparatifs. »

Quelle sera notre attitude à la fin de notre vie ? Comment préparer le grand départ ? Voilà des questions un peu théoriques, car nous ne savons pas grand-chose sur la manière dont nous sortirons d'ici pour aller là-bas ! Nous avons bien tous quelques idées qui traînent dans nos esprits. Mais nous le pressentons : il convient surtout d'avoir, dès maintenant, une attitude ouverte devant la vie et la mort, une qualité de foi et d'espérance. De quoi s'agit-il ? Rester maître de sa vie et de sa mort : que rien ne nous soit arraché. Voilà un désir que nous comprenons tous. Jésus le dit bien : « Ma vie nul ne me la prend, c'est moi qui la donne » (Jean 10, 18). Jésus est maître de lui-même. Son don est total. C'est l'amour pour les autres qui illumine tout. Regardons cette scène si touchante des préparatifs de la Pâque. Elle éclaire nos questions.

C'était « le premier jour des Azymes, où l'on immolait la Pâque ». C'était aussi pour Jésus son dernier jour de liberté. Le soir même, il sera arrêté. Mais Jésus ne cesse d'agir en maître. La question des disciples est bien naturelle. Pâque est la grande fête des Juifs : il convient donc qu'ils interrogent Jésus sur ses intentions. Ils lui demandent où il souhaite que tout soit préparé : « pour que tu manges la Pâque… » Ils ne demandent pas : pour que nous mangions la Pâque. Cette dernière formule ne conviendrait pas : ils savent qu'ils seront inclus dans cette célébration, mais, pour eux, le Maître domine cette fête de toute sa majesté pleine d'amour pour tous. Ils savent aussi que les heures à venir seront difficiles : les chefs du peuple veulent arrêter Jésus.

Où préparer la Pâque ? À la question si respectueuse des disciples, Jésus donne la réponse que nous venons de lire. Pour faire ces préparatifs, il délègue deux disciples dont Marc ne donne pas les noms (Pierre et Jean, selon Luc). Il a tout prévu et il organise : les disciples trouveront le nécessaire. Il voit les choses en grand : la salle est vaste, belle, il y a des « coussins ». Il donne comme signe un fait inhabituel qui conduira les disciples à la salle : « Vous rencontrerez un homme portant une cruche.... » Jésus agit en maître qui sait l'importance de ce repas pour lui, pour ses disciples, pour le monde, pour nous.

Quelle est cette maîtrise si étonnante de Jésus ? Cette souveraine liberté est celle du don. Les deux disciples sont les messagers de la question de Jésus : « Où est ma salle, où je pourrai manger la Pâque avec mes disciples ? » Jésus est maître parce qu'il regarde sa vie dans la lumière de Pâques : la fête de la délivrance de son peuple, le mémorial du jour où Israël passa, par la force de Dieu, de l'esclavage en terre d'Égypte à la liberté en Terre promise. Jésus est maître de lui, il domine toute sa vie et sa mort, parce qu'il se donne lui-même tout entier pour ses disciples, pour leur délivrance. Il dit bien : « Manger la Pâque avec mes disciples. » Le don de sa vie sera pour eux, pour tous ceux qui croiront en lui grâce à leur prédication, pour tous les hommes. Tous deviendront libres ; bien plus, ils connaîtront une nouvelle naissance à la vie éternelle. Être maître de sa vie, être maître de sa mort, c'est se donner par amour. Ce que fait Jésus est compris par bien des malades ou par tant de personnes qui voient venir la fin de leurs jours. L'usure, l'âge, la maladie nous appauvrissent de bien des manières. Aimer, nous donner, voilà ce qui nous tient debout, mais voilà aussi ce qui délivre ceux que nous aimons : l'héritage sera pour eux la liberté et le goût de se donner à leur tour. Célébrer Pâques ! Célébrer la fin de sa vie dans l'amour fécond pour autrui. Nous avons dans le cœur bien des souvenirs…

Jésus est maître de sa vie et de sa mort. Il faut ajouter : il est maître, parce qu'il est Fils. Jésus va célébrer la Pâque, mais non point une Pâque qu'il inventerait. C'est la fête de la délivrance d'Israël grâce au Dieu d'Abraham, d'Isaac et de Jacob, grâce à Dieu, son Père ! Jésus remet le don de sa propre vie dans le don du Père pour Israël et pour le monde. Il se donne dans le don du Père. Il ne décide pas de lui-même l'heure de sa mort. Nous le verrons avec saint Jean : Jésus attend l'« Heure ». C'est le Père qui donne son Fils pour sauver le monde. Le Père connaît l'Heure ! Quant à nous, nous ne décidons pas du moment de notre départ. Si la liberté est dans le don, nous ne donnons pas notre vie au moment où nous le décidons égoïstement ; nous la donnons au moment où elle est et sera féconde pour les autres. Or c'est le Père qui décide et il fait toujours le lien entre ses enfants. Il est le Dieu des vivants !

Les deux disciples « partirent et vinrent à la ville, et ils trouvèrent comme Jésus leur avait dit, et ils préparèrent la Pâque ».

19

Serait-ce moi ?

(Marc 14, 19)

Ils devinrent tout tristes, et se mirent à lui dire l'un après l'autre : « Serait-ce moi ? » Il leur dit : « C'est l'un des Douze, qui plonge avec moi la main dans le même plat. Oui, le Fils de l'homme s'en va selon qu'il est écrit de lui ; mais malheur à cet homme-là par qui le Fils de l'homme est livré ! Mieux eût valu pour cet homme-là de ne pas naître ! »

La vie de Judas était-elle programmée ? Y avait-il un plan de Dieu sur lui qui le conduise à trahir Jésus ? Judas aurait-il été poussé par Dieu ? Ces questions sont suggérées par la parole de Jésus : « Oui, le Fils de l'homme s'en va selon qu'il est écrit. Malheur à cet homme-là… » Judas ne serait-il pas la « victime » du plan de Dieu ? Cette question est importante, nous le pressentons. Il en va de notre liberté, mais aussi de notre salut. Jésus nous sauverait-il au prix de la perte de Judas ? Comme s'il fallait bien quelques « dégâts collatéraux… »

Les Douze étaient à table avec Jésus. À l'annonce de

la trahison, ils demandent au Maître : « Serait-ce moi ? » Jésus désigne le traître sans pourtant donner son nom. Nous retrouvons, en Matthieu, la même attitude de la part de Jésus. Ici, retenons cette parole : « Selon ce qui est écrit. » Que comprendre ?

Une intelligence fine peut prévoir certains événements à venir, comme l'élection d'un homme politique, un changement dans un grand empire, les conséquences d'une guerre. Nourri de connaissances géopolitiques, de l'histoire des peuples, il est possible d'anticiper sur les événements. Dans la vie avec Dieu, il n'en est pas ainsi. C'est seulement lorsque l'événement arrive que les choses s'éclairent. Couramment, nous disons : « Attendons ! Quand cela sera arrivé, nous aurons la grâce ! » Quand l'événement arrive, nous pouvons le comprendre, tout de suite ou plus tard… en le regardant dans la foi, à l'aide des Écritures. Les choses s'éclairent et nous pouvons dire : « Je vois maintenant. » Nous donnons alors une lecture juste de l'événement à la lumière de Dieu et nous pouvons agir avec sa grâce. Jésus fait de même. Devant la trahison de Judas, il interprète ce qu'il voit à la lumière de son Père et selon les Écritures. Il constate et donne un sens à l'endurcissement de l'apôtre. Jésus avait pourtant une prescience des choses. Oui, mais elle ne le fait pas sortir de l'obéissance à la volonté de son Père.

Redisons autrement les choses selon la logique de Judas puis selon la logique de Jésus. Judas s'est endurci, s'est fermé à Jésus, pour des raisons que nous verrons avec l'évangile de Jean (voir ici chapitre 30, p. 138). Il a agi en toute liberté. Il s'est laissé envahir par le mal.

Lorsque l'occasion de livrer Jésus se présente, il prend l'initiative (Marc 14, 10-11). Plus tard, lorsque les évangélistes relateront les faits, ils pourront dire en revoyant la vie de cet homme-là : « C'est clair, ça devait arriver, ça ne pouvait pas se passer autrement ! Lorsqu'on laisse entrer le mal en soi, voilà à quoi ça conduit ! » On pourrait ajouter : « C'était écrit ! » dans le sens que le bien et le mal ont leur logique de vie ou de mort. Nous comprenons ainsi que Jésus puisse parler, à propos de Judas, du « malheur » dans lequel il est allé se perdre.

Nous ne sommes pas allés jusqu'au bout. Voici la logique de Jésus. Jésus et les évangélistes à sa suite veulent toucher notre foi : les événements doivent être occasion de foi et pas seulement d'explication. Lorsque Jésus annonce la trahison de Judas, « selon ce qui est écrit… », il veut donner à ses apôtres, et à nous, l'occasion d'espérer. Que fait Jésus ? Il présente la trahison de Judas non seulement comme un fait qui est là, explicable en partie ; il lui donne un éclairage qui vient non de Judas mais des Écritures et donc de Dieu, son Père. Cet éclairage, quel est-il ? Ce qui est écrit, c'est que Dieu a donné son Fils pour le salut des hommes. Jésus entre librement dans sa Passion. Jésus donne sa vie et donc Judas ne la lui prend pas ! Ce serait l'ultime forfaiture de Satan que d'enlever sa mort à Jésus et de faire croire que tout dépendait de la trahison de Judas. Non, c'est lui, Jésus qui se donne par amour pour nous. Ce don de Jésus met sur le côté la trahison de Judas ; si effroyable soit-elle, elle est assumée, dominée par l'amour de Jésus qui est le Maître. Le sens de tout, ce qui est le fil rouge de l'histoire des hommes, ce qui guide la vie de Jésus au milieu de nous, c'est ce qui est écrit : l'amour de Dieu pour nous. Il n'y a pas de fatalité pour qui que ce soit, il n'y a que la volonté d'amour de Dieu qui s'offre à notre consentement libre. Cette volonté d'amour s'offre encore à Judas lui-même jusqu'à la fin. Voilà l'amour que Dieu ne cesse d'offrir à chacun, quelle que soit sa vertu ou quel que soit son péché.

Au plus grand amour, a correspondu le plus grand refus, le « malheur ». La chose incompréhensible n'est pas que la vie de Judas soit « programmée » ; aucune vie ne l'est. Ce qui est bouleversant c'est que là, devant Judas, comme devant certains êtres apparemment enfermés dans leur péché, la grâce de Dieu semble échouer. Est-ce possible ? La fermeture totale à Dieu, est-elle possible ? Nous espérons de tout notre être le salut de tous ! Dieu seul est juge et sa justice est toujours l'amour.

Luc

20

Ses disciples lui demandaient ce que pouvait signifier cette parabole

(Luc 8, 9)

Ses disciples lui demandaient ce que pouvait signifier cette parabole. Il leur dit : « À vous il a été donné de connaître les mystères du Royaume de Dieu ; mais pour les autres, c'est en paraboles, afin qu'ils voient sans voir et entendent sans comprendre. »

Nous avons déjà commenté ces versets avec les évangiles de Matthieu (voir chapitre 1, p. 15) et de Marc (voir chapitre 13, p. 65). Revenons encore à ces paroles de Jésus avec l'aide de Luc. Goûtons ici simplement le début de la réponse du Seigneur : « À vous il a été donné de connaître les mystères du Royaume de Dieu. » Il est bon de se réjouir, sans réserve, de ce que le Seigneur nous donne ! La joie est une caractéristique du troisième évangile.

La parabole du semeur, sur laquelle porte la question des disciples, raconte de façon magnifique l'histoire de notre vie. « Le semeur est sorti pour semer sa semence. » Nous imaginons son geste large et généreux, il se réjouit d'une récolte fructueuse dans l'avenir. Le semeur, c'est le Seigneur. « La semence, c'est la parole de Dieu », largement prêchée par Jésus. La semence tombe dans différentes catégories de terre, terre manquant « d'humidité », ou couverte d'« épines »... La parole de Dieu n'y peut pousser, ni y demeurer. Jésus décrit ainsi différents types d'auditeurs de la Parole. Mais nous pouvons aussi y voir décrite notre propre vie, notre relation personnelle à la parole du Seigneur. Nous sommes, chacun, et la terre manquant de profondeur, et la terre couverte d'épines ; chacun, nous sommes celui qui croit « pour un moment » et oublie vite, celui qu'étouffent les plaisirs ou les soucis... Pourtant nous sommes aussi comme « ceux qui, ayant entendu la Parole avec un cœur noble et généreux, la retiennent et portent du fruit par leur constance. »

Il y a une maladie qui consiste à distinguer rapidement toutes les ronces, épines, cailloux et autres choses désagréables, et de s'y arrêter sans cesse. Le tentateur excelle à nous obnubiler sur ce qui va mal. Il faut le répéter sans cesse : le Seigneur se réjouit aussi de notre bonne terre. Serait-il un mauvais semeur ? Non, il connaît aussi notre bonne terre, il sait où elle est. Là, il sème. L'erreur serait de ne plus savoir où se trouve notre bonne terre. Il est bon de confesser nos péchés. Il est nécessaire aussi de connaître notre vertu, nos qualités, nos dons particuliers, nos « talents », pour reprendre l'expression de Jésus. Sinon nous avons une conscience faussée de nous-mêmes : nous oublions comment Dieu nous a créés. L'action de grâce est le premier de nos devoirs : reconnaissance pour ce que Dieu nous donne ; joie parce que nous sommes capables de recevoir la vie de Dieu et de porter du fruit pour le bien des autres. L'humilité, ce n'est pas d'abord de voir nos défauts, mais de recevoir avec joie la vie de Dieu, quel que soit l'état de la terre de notre cœur.

Le but du Seigneur est qu'une unité se fasse entre sa parole et notre cœur. Il désire que la terre de notre humanité, que notre personne reçoive la vie ! Il se produit comme une incarnation. « À vous il a été donné de connaître les mystères du Royaume de Dieu. » Joie du Seigneur. Joie pour nous aussi. Quelle est-elle ? Joie d'entrer dans l'intimité du Seigneur. Nous percevons la route qu'il nous montre et nous entrons « dans l'intelligence des Écritures » (Luc 24, 27). Une connivence profonde se fait entre le Seigneur et nous. Nous pressentons ce qu'il veut, nous goûtons ce qu'il nous donne. Cette joie est quotidienne, car le Seigneur nous enseigne et nous guide vers la vie à travers les rencontres, les épreuves, les joies, les choses les plus simples… Comme le dit Jésus, tout dépend de notre « cœur noble et généreux ».

Mais le but du Seigneur n'est pas seulement notre bonheur. Notre joie ne serait pas entière si nous demeurions seuls. Le but est « de produire du fruit au centuple ». Toute joie donnée par Dieu à quelqu'un est pour la joie de tous. Toute grâce, incarnée dans la vie d'un disciple du Seigneur, rejaillit pour la santé de tous. Multiplier par cent notre rendement est le souhait de Dieu et le nôtre. C'est là le moteur le plus profond de la conversion, de la fidélité, de la « constance » pour reprendre encore le mot de Jésus à la fin de cette parabole du semeur. Nous persévérons par amour pour Dieu, mais aussi parce que nous savons que beaucoup en recevront paix, force, consolation…

Rendons grâces au Seigneur. Il nous donne de connaître les mystères du Royaume. Rendons grâces pour sa « constance » à lui. Il sème. Il est sûr de sa récolte. Il ne désespère pas si des grains tombent à côté de la bonne terre. Rien ne l'arrête. Il poursuit. Nous, nous savons la pauvreté de notre terre… Nous nous réjouissons aussi de sa beauté : elle est travaillée par la vie du Royaume pour la joie de beaucoup.

21

Veux-tu que nous ordonnions au feu de descendre du ciel et de les consumer ?

(Luc 9, 54)

Les disciples Jacques et Jean disent : « Veux-tu que nous ordonnions au feu de descendre du ciel et de les consumer ? » Mais, se retournant, il les réprimanda. Et ils se mirent en route pour un autre village.

Il y a toujours des gens qui sont prêts à prendre des solutions radicales pour résoudre les problèmes. Il faut trancher sans attendre. Nous les avons déjà rencontrés dans la parabole de l'ivraie semée dans le bon grain (voir chapitre 2, p. 19). Ici, Jésus a été mal accueilli dans un village samaritain. Le mauvais accueil s'explique par l'opposition religieuse des Samaritains à l'égard des Juifs qui les considèrent comme hérétiques. Réaction de Jacques et Jean : « faire tomber le feu » sur eux, ce qui leur a valu le surnom de « fils du tonnerre » (Marc 3, 17). Jésus n'entre pas dans ces manières-là. Il réprimande ses deux disciples, et tous continuent leur chemin. La question est ici : être radical, est-ce une mauvaise chose ? Faut-il toujours patienter ?

Nous nous retrouvons dans l'impatience et le radicalisme de Jacques et de Jean. Devant certaines situations, la colère nous prend. Fureur contre ceux qui font le mal et qui détruisent même les plus innocents, révolte contre ceux qui imposent leur pouvoir au mépris de toute dignité… Les occasions ne manquent pas de vouloir « arracher l'ivraie » ou de faire « tomber le feu ». Trancher dans le vif, est-ce une mauvaise solution ? Que répondre ? L'exemple des deux disciples est éclairant. Ils se conduisent comme deux jeunes loups qui, parce qu'ils accompagnent le Seigneur, pensent devoir trouver partout porte ouverte et service assuré. Ils ont droit à tout. Cette façon de voir n'est pas charitable du tout. Elle engendre la violence : ils sont prêts à foudroyer les opposants. L'origine de bien des violences est de penser qu'on a droit à tout, de vouloir accaparer les choses. Alors commence la guerre. Les disciples se mettent dans la même logique que ceux qui refusent de les accueillir : violence contre violence. Où sera la fin ? Pourtant les disciples agissent ainsi pour défendre Jésus. Leur apparente intransigeance vient de leur amour pour le Seigneur. L'amour est aussi radical. S'il faut calmer les ardeurs vengeresses, il ne faut pas perdre le radicalisme de l'amour, mais il faut l'éclairer.

Jacques et Jean se montreront aussi entiers dans d'autres occasions. La plus significative et instructive pour nous ici, la voici. Jacques et Jean demandent à Jésus d'avoir une place à sa droite et à sa gauche « dans sa gloire ». Leur ambition n'est pas petite ! Là encore Jésus les ramène à la réalité. « Pouvez-vous boire la coupe que je vais boire ? » (Marc 10, 38.) Pouvez-vous affronter comme moi la mort de la part des hommes ? Cette question du Seigneur pointe la solution à toutes nos questions : Quelle mesure prendre ? Faut-il s'accommoder de tout ? Ne faut-il pas être plus énergique, plus radical ? Pourquoi patienter ? La réponse de Jésus : Êtes-vous capables d'aimer ? Non pas de détruire, mais d'aimer ? Certes, des situations nécessitent des solutions plus énergiques que d'autres : rien ne remplace l'intelligence et le jugement. Mais pour Jésus il y a plus profond. À la source de toute solution, il doit y avoir l'amour, et non la vengeance : aimer, aimer nos amis, nos ennemis, vouloir le salut de tous et le vouloir même au prix de notre personne. C'est ce que vont comprendre les deux frères bouillants, fils du tonnerre. « Pouvez-vous boire la coupe que je vais boire ? Ils répondent : « Nous le pouvons. » Réponse bien dans leur tempérament. Ces caractères entiers, le Seigneur va les orienter dans un don entier et total d'eux-mêmes pour la gloire de son Père et le salut de tous.

Revenons à l'intransigeance des frères vis-à-vis des Samaritains. Jésus les réprimande pour leur apprendre la force de l'amour. On peut se demander : Jésus se laisse-t-il respecter, ne se montre-t-il pas faible ou simplement indifférent ? Non. Le début de cet épisode est très solennel. « Il advint, comme s'accomplissait le temps où il devait être enlevé, qu'il prit résolument le chemin de Jérusalem et envoya des messagers en avant de lui. » « Il devait être enlevé. » Rappelons-nous, Élie fut « enlevé » dans un char de feu, emporté dans la gloire de Dieu (2 Rois 2, 1). Ici, Jésus sera « enlevé » autrement, par la mort sur la croix. Il sera emporté par son amour pour nous. Les disciples ne le comprennent pas encore. Jésus va librement au-devant de sa Passion. À Jérusalem, il va donner sa vie pour tous, les bons et les méchants, il veut le salut du monde. Il va, le premier, se donner tout entier.

Voilà la réponse de Jésus. Il n'y a pas d'autre revanche sur les incompréhensions d'autrui que la charité, et, parfois, la charité jusqu'à l'extrême. Vouloir faire tomber le feu, même sur les pires scélérats, est une erreur, un acte de faiblesse… Seul l'amour guérit, seul l'amour rend justice. Il faut du temps pour entrer dans cette vue. Le pardon, même dans les plus profondes brisures de nos vies, fait justice à notre cœur ; il est la revanche sur ce qui a été si épouvantable. Beaucoup d'entre nous l'ont appris et trouvé enfin la dignité. Les deux frères y parviendront en donnant un jour leur vie pour Jésus. Ils auront connu la résurrection. Ils auront compris que Jésus est venu pour sauver ceux qui étaient perdus.

22

Où, Seigneur ?

(Luc 17, 37)

Prenant la parole, ils lui disent : « Où, Seigneur ? » Il leur dit : « Où sera le corps, là aussi les vautours se rassembleront. »

Nous allons voir le sens de cette parole étrange de Jésus sur les vautours… Elle vient conclure un discours adressé aux disciples. Jésus parle de sa venue : le Jour du Fils de l'homme. Il parle de la fin du monde… La question est pour nous : la fin du monde, comment ce sera ? Quand cela arrivera-t-il ? Ce n'est pas là simple curiosité de gens sûrs que demain sera encore là… Devant des drames, des guerres, lorsque nous voyons notre âme brisée par la douleur, monte en nous ce cri : quand cela va-t-il cesser ? Quand Dieu va-t-il mettre de l'ordre dans tout cela ! ? Quand va-t-il enfin juger les méchants ? Questions qui viennent de notre douleur et de notre désir de voir la justice de Dieu se faire.

Que dit Jésus ? D'abord que l'attente peut être longue. « Viendront des jours où vous désirerez voir un seul des jours du Fils de l'homme, et vous ne le verrez pas. » Jésus comprend notre impatience. Mais il veut nous préparer à attendre, et donc il va nous montrer comment vivre maintenant. Aux nombreux « comment ? » et « quand ? » que nous nous posons sur l'avenir, les réponses de Jésus sont pour aujourd'hui.

« Comme l'éclair, jaillissant d'un point du ciel, resplendit jusqu'à l'autre, ainsi en sera-t-il du Fils de l'homme au jour de sa venue. » Image superbe ! L'éclair ! Le Seigneur sera là ! Nul ne pourra en douter ! Voilà la grande leçon de Jésus. Inutile de perdre son temps en supputations bizarres sur sa venue et de s'inquiéter inutilement. Sa présence s'imposera, comme l'éclair qui traverse l'horizon. Arrivée fulgurante ! Donc, pour nous, attendons !

La soudaineté peut faire peur ! Nous préférerions être prévenus pour nous préparer au face-à-face avec Dieu. Le Seigneur le comprend. Il présente sa venue comme soudaine… Certes, sa bonté, là encore, est immense, comme il l'a montré pour les deux cataclysmes rapportés dans la Bible : le déluge et l'anéantissement de Sodome par le feu. Le déluge fut-il subit ? Oui, mais, juste à temps, Noé a pu se réfugier dans l'arche. Quant à Lot, juste à temps, il a quitté la ville. Soudaineté de la venue du Seigneur ? Certes, mais il prévient. Il prévient par sa présence, sa prédication, par ses disciples. Le Seigneur ne nous tourne pas vers une fin du monde qui nous ferait peur, mais il nous renvoie à notre responsabilité d'aujourd'hui : que faisons-nous de l'Évangile ? Comment vivons-nous ? Quelle est notre charité ? Questions d'autant plus fortes que les cataclysmes auxquels Jésus fait allusion sont venus à cause de la méchanceté des hommes et de leur manque d'amour. Nous voici prévenus. Nous sommes dans le temps de la conversion. Se convertir est urgent. Ainsi, nous serons prêts pour la venue du Seigneur. Voilà où Jésus voulait nous conduire.

Nous pouvons alors entendre ce que Jésus dit du jugement : « En cette nuit-là, deux seront sur un même lit : l'un sera pris et l'autre laissé ; deux femmes seront à moudre ensemble : l'une sera prise et l'autre laissée. » Qu'est-ce à dire ? Nous serons pris tels que nous sommes. Il n'y a plus de préparation au dernier moment pour se présenter devant Dieu. Est-ce terrible ? Non. Passez-moi la comparaison : Dieu ne juge pas sur l'examen final uniquement ! Ce serait injuste. Nous serons « pris », « laissés », jugés sur toute notre vie. Voilà pourquoi il ne faut pas avoir peur de la soudaineté de la venue de Dieu. Cet enseignement de Jésus ne contredit pas celui du pardon donné au bon larron qui, par sa foi, fut sauvé *in extremis* ; car dans l'un et l'autre enseignement, il s'agit de faire miséricorde.

Les disciples le comprennent. Pourtant ils s'inquiètent. Ils interrogent : « Où, Seigneur ? » Tu dis que l'un sera pris, emporté avec toi, réuni à Dieu définitivement… C'est où ? On s'attend à cette réponse : en paradis ! Non. Jésus répond par une parabole étrange. « Où sont les corps, là aussi les vautours se rassemblent. » Comprenons. Lorsque l'on voit des vautours tourner avec obstination, c'est qu'il y a, pour eux, quelque chose à saisir. Même dans le désert, ils peuvent distinguer un cadavre enterré. Cette petite parabole, déconcertante par la comparaison employée, est utilisée par Jésus pour dire que d'instinct ses fidèles sauront saisir ce qui est bon pour eux, ce qui pourra les nourrir, les sauver. Quand Jésus meurt sur la croix, il donne la vie. N'ayons donc pas peur ! Nous saurons trouver la vie !

Encore une question : que deviennent ceux qui sont « laissés », abandonnés à leur triste sort ? Ne durcissons pas les images de Jésus ! Elles sont là pour montrer le sérieux de notre vie. Revenons à l'essentiel : Jésus a donné sa vie pour tous, pour ceux qui sont proches comme pour ceux qui sont loin, afin que personne ne soit « laissé ».

23

Seigneur, faut-il frapper du glaive ?

(Luc 22, 49)

Voyant ce qui allait arriver, ses compagnons lui disent : « Seigneur, faut-il frapper du glaive ? » Et l'un d'eux frappa le serviteur du grand prêtre et lui enleva l'oreille droite. Mais Jésus prit la parole et dit : « Restez-en là. » Et, lui touchant l'oreille, il le guérit. Puis Jésus dit à ceux qui s'étaient portés contre lui, grands prêtres, chefs des gardes du Temple et anciens : « Suis-je un brigand, que vous vous soyez mis en campagne avec des glaives et des bâtons ? Alors que chaque jour j'étais avec vous dans le Temple, vous n'avez pas porté les mains sur moi. Mais c'est votre heure et le pouvoir des Ténèbres. »

Comment réagissons-nous lorsque celui ou celle que nous aimons est attaqué devant nos yeux ? N'allons-nous pas intervenir vivement ? Lorsque quelqu'un est agressé dans le métro, que faisons-nous ? Lorsque des populations sont privées de liberté, n'ont pas le nécessaire pour vivre, que disons-nous ? Comment réagir ?

Qui doit réagir ? À quel moment ? Nous méditons souvent sur ces questions graves et difficiles. Il n'y a pas de réponse à l'emporte-pièce. Au moment de l'arrestation de Jésus, c'est la question que posent les disciples.

Jésus est subitement encerclé par une foule, il reçoit le baiser du traître, il va être arrêté. Comment réagissent les disciples ? Ils n'imaginent pas rester sans rien faire. Question d'honneur sans doute, question d'attachement à leur Maître bien sûr. Comme toujours les disciples se tournent vers Jésus pour lui demander ce qu'ils doivent faire : « Seigneur, faut-il frapper du glaive ? » Il convient de l'écouter à une heure aussi grave et de recevoir sa réponse. L'un d'entre eux n'attend pas : « Il frappa le serviteur du grand prêtre et lui enleva l'oreille droite. » Ce bouillant disciple qui n'attend pas, nous pouvons deviner son nom, c'est Pierre : le quatrième évangile le confirme ! Pierre a-t-il bien agi ? Regardons l'attitude de Jésus. Comment, lui, réagit-il à son arrestation ?

Avec une totale maîtrise sur l'événement, Jésus regarde cette foule venue l'arrêter. Il est prêt, il est libre. Il n'est pas passif, dos courbé, effaré, apeuré, fuyant. Il montre tout de suite sa grandeur dans la parole dite au traître : « Judas, c'est par un baiser que tu livres le Fils de l'homme. » Jésus dénonce la perversion totale car Judas utilise le signe de l'amour pour le livrer à la mort. Jésus, en nommant ce crime, agit en maître.

En dénonçant ce crime, Jésus regarde avec insistance la foule venue de nuit. Composée de notables, « grands prêtres, chefs des gardes du Temple, anciens », cette foule rassemble les autorités et non de vulgaires gardes. Par crainte du peuple, ils se sont déplacés eux-mêmes pour « porter les mains sur lui ». Jésus, lui, dénonce leur fourberie et surtout leur peur : j'étais dans le Temple, et vous n'avez rien osé faire ! « Chaque *jour* j'étais avec vous… », dit Jésus. Mais maintenant, c'est « votre heure et le pouvoir des Ténèbres ». À Jésus le jour, à eux la nuit.

Victime, Jésus est celui qui est libre. Sa grandeur s'impose, son jugement est d'une entière lucidité. En lui, rien n'est ébranlé. Jésus nous donne là une lumière. Bien souvent, après avoir subi des drames, j'ai vu la victime innocente se sentir coupable. Pour se relever, tout le travail va être de retrouver sa dignité : pouvoir se regarder en face, sans peur, sans honte. Il faut du temps pour arriver à « dominer », comme Jésus « domine », sans crainte et sans haine. Par sa réaction au geste du disciple utilisant le glaive, Jésus nous en montre le chemin.

Le disciple qui a utilisé le glaive a eu une réaction très humaine. La révolte est montée en lui, il ne pouvait supporter et la trahison et l'arrestation. Que fait Jésus ? Il ne condamne pas, mais il pose une limite. Quand il dit, à ce disciple et à ses compagnons : « Restez-en là », Jésus comprend leur révolte. Il serait inhumain de ne pas se révolter dans une telle situation. Par sa parole, Jésus limite cette révolte, et, en signe, il guérit le serviteur. Cette révolte doit, au moment possible, laisser la place à deux réalités : la paix et la confiance. D'abord, la paix en renonçant à la violence intérieure ou aux gestes de vengeance qui n'enlèvent pas la violence subie : « Tous ceux qui prennent le glaive périront par le glaive. » Puis la confiance, en recevant du Père la force d'affronter et de vivre même les situations les plus douloureuses. « La coupe que m'a donnée le Père, ne la boirai-je pas ? » (Jean 18, 11.) Jésus ne veut trouver qu'en son Père la force et la paix pour affronter sa douloureuse et terrible Passion.

Réagir avec un glaive, était-ce une bonne solution ? Convenait-il de défendre Jésus jusqu'à mourir, alors que le Maître avait dit à Pierre : « Plus tard, tu me suivras » ? Les compagnons de Jésus, ne sont-ils pas les grands absents de la Passion ? Pierre va renier. Nous ne sommes pas meilleurs qu'eux. Le Seigneur, lui, ne semble pas avoir fait ces analyses : il envoie les pauvres que nous sommes témoigner de la puissance de sa vie et de sa miséricorde.

Jean

24

Où demeures-tu ?

(Jean 1, 38)

Jésus se retourna et, voyant qu'ils le suivaient, leur dit : « Rabbi – ce qui veut dire Maître –, où demeures-tu ? » Il leur dit : « Venez et voyez. » Ils vinrent donc et virent où Jésus demeurait, et ils demeurèrent auprès de lui ce jour-là. C'était environ la dixième heure.

Comment pouvons-nous suivre le Seigneur ? Comment pouvons-nous devenir ses disciples ? Comment établir solidement en nous la foi, la confiance à son égard ? La rencontre entre Jésus et les deux premiers disciples qui viennent vers lui, nous éclaire. « Où demeures-tu ? » Cette question est en fait une réponse à une question de Jésus. « Jésus se retourna et, voyant qu'ils le suivaient, leur dit : « Que cherchez-vous ? » Deux questions : elles décrivent la condition du disciple.

« Que cherchez-vous ? » La question de Jésus est la première parole qu'il prononce dans l'évangile de Jean. Elle n'est pas une simple interrogation posée à des passants en quête d'un chemin dans la région. Il s'agit du chemin de la vie. Cette question est respectueuse et large. Il ne dit pas : « Qui cherchez-vous ? », ce qui serait centrer les disciples sur lui seul. Il demande : « Que cherchez-vous ? » Jésus renvoie ces deux hommes qui le suivent à eux-mêmes. Il les conduit à regarder en leur cœur ce qui les pousse à le chercher. Il demande : quelle est la raison de votre venue vers moi ? Il y a en vous un désir, une quête qui vous conduit à me suivre… « Que cherchez-vous ? » Je pense à cette question posée à des novices religieux au moment où ils demandent à entrer dans un ordre : « Que demandez-vous ? » Ils sont interrogés ainsi pour qu'ils trouvent au fond d'eux-mêmes les raisons qui les poussent à s'engager. Le temps des fiançailles est aussi le temps de la question : que cherches-tu ? Cette question exprime un désir de connaissance de l'autre, de sa vie, de son histoire.

« Que cherchez-vous ? » Cette question respecte la liberté de ces deux hommes qui viennent d'eux-mêmes vers le Seigneur. Jésus les interroge « voyant qu'ils le suivaient ». Ils le suivaient non seulement au sens concret du terme, mais déjà leur cœur s'ouvrait à lui, déjà une attirance s'était faite pour le Maître. L'amour cherche la liberté. Aucun lien durable ne peut se faire sans cette large respiration qui vient du fond de soi.

« Où demeures-tu ? » André, tel est son nom, et son compagnon, que la tradition appelle Jean, répondent ensemble à Jésus par une autre question. Ils veulent devenir ses disciples. Or, le propre d'un disciple est de poser des questions, de désirer l'enseignement du Maître. Rien d'étonnant donc à ce qu'ils interrogent Jésus à leur tour. Pourtant leur question est aussi une réponse, elle montre leur intérêt, leur recherche, leur quête de vérité. Cette question est précise et orientée : elle désigne Jésus. « Où demeures-tu ? » Ils ont été disciples de Jean-Baptiste et ils ont reçu beaucoup de lui. Leur quête de Dieu s'est déjà considérablement élargie. Maintenant, c'est lui, Jésus, qu'ils veulent suivre ; c'est à lui qu'ils demandent de devenir leur maître à l'exclusion de tout autre. André et Jean ne demandent pas seulement une sagesse, ils veulent s'attacher à Jésus, à Jésus seul.

L'attachement radical à Jésus qu'André et Jean souhaitent, explique l'audace de leur question. Ils s'invitent dans l'intimité du Maître, ils désirent découvrir ce qui le fait vivre, ce qui est sa source, sa lumière. Ils veulent le connaître, lui ! C'est le Seigneur qu'ils cherchent. Ils souhaitent savoir « où il demeure ». Audace de toute personne qui veut suivre le Seigneur. Audace de l'amour que rien n'arrête.

« Jésus leur dit : "Venez et voyez". » Par cette réponse de Jésus, André et Jean deviennent ses disciples. Le Seigneur les « choisit » (Jean 15, 16). Laissons aussi résonner en nous cette parole de Jésus ! Le Seigneur nous appelle et nous ouvre la porte de sa demeure, il va nous guider, nous conduire de lumières en lumières… Nous parviendrons là où il demeure. Que verrons-nous ? La demeure de Jésus est en son Père. Toute la révélation est là. Tout le bonheur de l'homme est là. Rien ne peut être dit de plus grand et de plus beau. L'évangile de Jean va nous faire monter jusqu'à cette merveille qui illumine toute vie : Jésus nous révèle son Père et notre Père ! Mystère éblouissant de l'amour ! « Père, ceux que tu m'as donnés, je veux que là où je suis, eux aussi soient avec moi » (Jean 17, 24).

25

D'où me connais-tu ?

(Jean 1, 48)

Nathanaël lui dit : « D'où me connais-tu ? » Jésus lui répondit : « Avant que Philippe t'appelât, quand tu étais sous le figuier, je t'ai vu. »

Jésus voit. Il n'a pas seulement une intuition profonde, une science affinée de l'homme. Il voit les réalités cachées, les mystères de Dieu, le dessein de son Père. Fils de Dieu, il voit la cohérence de ce monde dans un unique regard. Ce « voir », il va le communiquer progressivement à ses disciples, ce sera la foi. C'est l'objet de cette si belle rencontre entre Jésus et Nathanaël.

Nathanaël est originaire de Cana. Il connaît bien les Écritures. Il ne cesse de les méditer, de les tourner dans son esprit, comme le décrit si bien le psaume 119 : « De tout mon cœur c'est toi que je cherche, ne m'écarte pas de tes commandements » (verset 10). Et encore : « Que j'aime ta loi ! Tout le jour je la médite » (verset 97). Nathanaël cherche Dieu et veut le servir. Philippe, déjà appelé par Jésus, lui dit : « Celui dont Moïse a écrit dans la Loi, ainsi que les prophètes, nous l'avons trouvé ! C'est Jésus, le fils de Joseph, de Nazareth. » Boutade un peu chauvine d'un habitant de Cana : « De Nazareth, peut-il sortir quelque chose de bon ? » Il suit pourtant Philippe qui lui dit : « Viens et vois. » En effet toute la destinée de Nathanaël va être de « voir ».

Arrêtons-nous. Ce récit n'est pas simple description. C'est tout Israël qui est ici représenté dans la beauté de sa fidélité. Nathanaël est plein de l'espérance du peuple de Dieu, l'attente du Messie est toute sa vie. Un autre fils d'Israël, Paul, décrira ainsi ses « frères » : à eux, « appartiennent l'adoption filiale, la gloire, les alliances, la législation, le culte, les promesses… » (Romains 9, 4). L'évangéliste nous met donc devant une rencontre très significative pour l'avenir du salut d'Israël… Il faut compléter. Philippe, qui vient de conduire Nathanaël auprès de Jésus, est le même qui sera plus tard approché « par quelques Grecs, de ceux qui montaient pour adorer » (Jean 12, 20). Jésus en sera bouleversé et verra, en cette venue des païens, le moment décisif pour annoncer sa mort : « Moi, une fois élevé de terre, je les attirerai tous à moi » (Jean 12, 32). Tout homme, juif ou païen, est appelé au salut.

Revenons au récit. Jésus « voit venir » Nathanaël et lui fait, indirectement, ce compliment : « Voici vraiment un Israélite sans détour. » Que s'est-il passé ? Jésus a un regard qui lui est unique. « Il sait ce qu'il y a dans l'homme » (Jean 2, 24). Il voit Nathanaël venir vers lui et il voit la clarté de sa vie, la rectitude de son jugement… Jésus voit. Il ne s'agit pas seulement d'intuition comme nous pouvons en avoir. C'est une vue qui vient de Dieu, son Père. Il voit autant les choses matérielles, les gestes, que les mouvements d'une âme, les recherches d'un cœur droit ou les fermetures d'un orgueilleux. Il voit avec amour, il voit pour sauver, car il voit le mystère de chacun dans la lumière de son Père. Le compliment adressé à Nathanaël par Jésus n'est pas pour le flatter, mais pour le rejoindre en la volonté profonde de son cœur, pour manifester la compréhension vraie qu'il a de son désir de servir Dieu.

Nathanaël a bien compris ce compliment et n'en tire pas orgueil. Il se centre aussitôt sur Jésus, sur son regard… C'est le Maître qu'il voit. Il demande : « D'où me connais-tu ? » Cette simple question ne signifie pas seulement : Qui t'a parlé de moi ? Elle ouvre aussi à plus profond. Ta connaissance vient-elle de Dieu ? Car il importe pour servir Dieu de vérifier toujours si ce que l'on entend vient bien de lui ou non. Par cette question, cet Israélite sans détour montre bien qu'il est ouvert à Dieu dans la vérité, comme le dit Jésus.

« Jésus lui répondit : Avant que Philippe t'appelât, quand tu étais sous le figuier, je t'ai vu. » Nous nous souvenons que le figuier est signe de la sagesse qui vient de la Loi comme du Temple. Jésus désigne moins le lieu où Nathanaël se tenait, qu'une expérience religieuse qu'il a faite en lisant les Écritures : avant que Philippe ne vienne l'appeler, il a dû recevoir une grâce forte ou bien une lumière particulière sur le mystère de Dieu, sur sa Loi, sur la destinée de son peuple… Nous ne savons rien du contenu de cette expérience. L'Évangile en garde le secret. Mais Nathanaël, lui, voit tout de suite de quoi le Seigneur parle. Là, en ce lieu sacré des Écritures, en sa plus grande intimité avec Dieu, Jésus vient le rejoindre. Cette allusion à ce qui est pour lui le « secret du roi » ne lui semble pas indiscrète, car il comprend aussitôt que l'amour de Jésus accompagne la vérité qu'il reçoit. Alors il peut confesser la foi : « Rabbi, tu es le Fils de Dieu, tu es le roi d'Israël. »

Nathanaël est devenu disciple de Jésus. Jésus a vu le mystère de ce véritable Israélite. Il va maintenant lui apprendre à « voir » lui aussi. « Tu verras mieux encore » et « Vous verrez le ciel ouvert… » L'extraordinaire majesté de Jésus, son regard qui domine les êtres et qui englobe l'histoire des hommes nous émerveillent. Pourtant cette lumière, il veut nous la confier : c'est le « voir » de la foi. Par son enseignement, Jésus nous introduit dans sa manière de penser, de discerner, d'agir. Heureux ceux qui croient sans avoir vu.

26

Il y a ici un enfant, qui a cinq pains d'orge et deux poissons ; mais qu'est-ce que cela pour tant de monde ?

(Jean 6, 9)

Un de ses disciples, André, le frère de Simon Pierre lui dit : « Il y a ici un enfant, qui a cinq pains d'orge et deux poissons ; mais qu'est-ce que cela pour tant de monde ? » Jésus leur dit : « Faites s'étendre les gens. » Il y avait beaucoup d'herbe en ce lieu. Ils s'étendirent donc, au nombre d'environ cinq mille hommes. Alors Jésus prit les pains et, ayant rendu grâces, il les distribua aux convives, de même aussi pour les poissons, autant qu'ils en voulaient. Quand ils furent repus, il dit à ses disciples : « Rassemblez les morceaux en surplus, afin que rien ne soit perdu. »

Il est une manière de rendre raisonnable l'événement : l'enfant a offert sa nourriture et cette générosité a été communicative ; tout le monde a partagé ce qu'il avait et a pu manger à sa faim. Cette explication a l'ennui, outre de nier le seul miracle à être rapporté par les quatre évangélistes, de dire aussi le contraire de ce que le Seigneur veut nous enseigner. Ce n'est pas la foule qui s'en sort par une bonne et généreuse idée, c'est Jésus qui est maître de bout en bout de l'événement. C'est lui qui invite et qui nourrit.

« Une grande foule le suivait, à la vue des signes qu'il opérait sur les malades. » Suivre Jésus est le propre des disciples. Oui, mais pour suivre de façon juste le Seigneur et lui être fidèle, il convient d'avoir de bonnes raisons. Les disciples le suivent parce qu'ils découvrent progressivement le mystère de sa personne. Ils ont parfois des raisons moins avouables : avoir une place à sa droite et une à sa gauche ! Mais ils sont fondamentalement attachés au Seigneur. La foule, elle, est touchée par les guérisons. On le comprend. Mais ne faudrait-il pas aller plus loin, chercher à connaître celui qui guérit ? La foule n'est-elle pas un peu légère ? La fin du récit le montrera. Ces attitudes de la foule ou des disciples éclairent nos propres raisons de suivre le Seigneur. Quelles sont-elles ? Sont-elles suffisamment fortes pour nous garder fidèles ?

« Levant les yeux et voyant qu'une grande foule venait à lui, Jésus… » Le Seigneur semble voir bien plus loin que la réalité ; plutôt, il en voit l'épaisseur, la profondeur. Il est comme Moïse voyant le peuple de l'Exode affamé ; il est le Berger regardant son troupeau venant vers lui à travers les continents et les siècles. Jésus veut les nourrir tous. Mais il y a un décalage. La foule ne demande rien. Peut-être est-elle inconsciente de sa faim ? C'est Jésus qui a l'initiative : il pense que tous ont faim, d'une nourriture dont lui seul connaît la saveur. Dans ce but Jésus « met à l'épreuve » Philippe, l'homme qui rassemble : il avoue son impuissance à nourrir tant de monde. Ce décalage entre le Seigneur et la foule, avec Philippe aussi, met en relief la légèreté de notre désir. Nous ne savons pas ce que nous cherchons. Nous avons à être sauvés d'un mal profond : ne plus savoir ce qui nous fait vivre. André aussi avoue la pauvreté de tous et parle de cet enfant qui a si peu.

À cette question : « Qu'est-ce que cela pour tant de monde ? » Jésus prend tout en main. Il fait étendre tout le monde sur l'herbe épaisse du lieu. Il prononce alors les paroles et fait les gestes qui nous sont familiers dans l'Eucharistie. Il distribue tout lui-même « aux convives ». Ce n'est pas un encas que Jésus donne, c'est un festin où chacun est « étendu » comme dans les banquets. Tout a l'apparence d'une fête ! Il est là ! Jésus, le Messie ! Il rassasie son peuple de mets succulents (Isaïe 55, 2)… Pouvons-nous connaître une telle expérience ? Bien que nous soyons inconscients de ce que nous cherchons auprès du Seigneur, il nous donne au-delà de ce que nous n'osons demander et même imaginer ! L'expérience est là. Il nous donne ce qui va nous faire vivre. Certes il faut un regard de foi pour parler ainsi. Saint François-Xavier est mort aux portes de la Chine. Il est pourtant l'apôtre de l'Extrême-Orient. Sa fécondité est sans limites. La grâce qu'il a semée porte toujours du fruit. Fécondité de nos vies offertes.

Dieu donne à profusion. Jésus donne sans compter. Les disciples rassemblent les restes du banquet pour nourrir les siècles à venir : le pain de la vie éternelle, qui est le Christ. Mais la foule qui avait « suivi » Jésus, elle, compte. Elle veut mettre la main sur lui pour le faire roi ! Elle veut mettre le pouvoir de Jésus à son service. Jésus se dégage de cette foule, « il s'enfuit ». Ce récit se termine mal. Nous sommes en pleine confusion ! Ce malentendu profond va persister. La foule ne comprendra pas… Mais Jésus, lui, persévérera dans son amour : il est venu pour donner, il donnera toujours jusqu'à l'extrême.

27

Qui a péché, lui ou ses parents, pour qu'il soit né aveugle ?

(Jean 9, 2)

Ses disciples lui demandèrent : « Rabbi, qui a péché, lui ou ses parents, pour qu'il soit aveugle ? » Jésus répondit : « Ni lui, ni ses parents n'ont péché, mais c'est afin que soient manifestées en lui les œuvres de Dieu. Tant qu'il fait jour, il faut travailler aux œuvres de celui qui m'a envoyé ; la nuit vient où nul ne peut travailler. Tant que je suis dans le monde, je suis la lumière du monde. »

Voilà une question souvent entendue ! « À qui la faute ?... Qu'ai-je fait au Bon Dieu ?... Pourquoi cela nous arrive-t-il ?... Dieu nous punit ?... » Si tel était le cas, ce Dieu-là ne serait pas « bon » du tout ! Il faut le fuir ! Jésus n'a jamais parlé d'un Dieu comptabilisant nos fautes et se vengeant sur l'innocent. La réponse est donc claire. À la question : « Qui a péché ? » Jésus répond : « Personne ! » S'il ne tient pas l'aveugle ni ses parents responsables de la cécité, il ne dit pas quelle est l'origine de cette maladie. Il pense que le corps a sa logique de santé. Jésus ne donne aucune explication à la présence du mal en ce monde. Il compatit avec ceux qui souffrent, il guérit. Au lieu de chercher à savoir qui est coupable, Jésus nous amène à découvrir quelle est notre responsabilité pour soulager la souffrance. Plus tard sur la croix, il donnera sa vie pour nous. Le baptême nous ouvre à cette vie. Aujourd'hui, prémices de ce salut donné par sa mort, Jésus va guérir l'aveugle de naissance.

Jésus a déjà été interrogé sur ce sujet. Une descente de la police de Pilate avait fait beaucoup de victimes innocentes. De même la tour de Siloé, en s'écroulant, avait fait dix-huit morts innocents. Jésus commente : « Si vous ne voulez pas vous repentir, vous périrez tous de même » (Luc 13, 1-5). Comprenons : eux sont morts innocents ; mais vous, si vous ne voulez pas vous aimer les uns les autres, si vous refusez de vous réconcilier entre vous, vous allez développer un mouvement de violence et de haine et le résultat sera tragique, plus grave encore que ces deux malheurs rapportés. Les exemples en ce monde sont, hélas !, multiples. Jésus reprend ici la même leçon. Cet homme est aveugle de naissance. Il n'est pas responsable ! Mais si vous, vous refusez de croire en moi, l'envoyé de Dieu, vous allez devenir de plus en plus aveugles et votre état sera pire que le sien ! C'est le récit de cet évangile : les opposants deviennent de plus en plus aveugles ; manquant de foi, ils s'enfoncent dans les ténèbres de la haine à l'égard de Jésus. Quant à l'aveugle de naissance, guéri physiquement, il fait une admirable montée vers la lumière : il confesse la divinité de Jésus. « L'œuvre de Dieu se manifeste en lui. » Voilà la première partie de la réponse de Jésus. Mais il dit davantage encore.

« Tant que je suis dans le monde, je suis la lumière du monde. » Tout comme Dieu a séparé la lumière des ténèbres, Jésus procède à une nouvelle création (Genèse 1, 3-5). Le « travail » de Jésus, envoyé par son Père, consiste à sortir des décombres du péché tout homme, toute femme, qui veut bien le suivre et être fidèle à la lumière reçue. L'homme, aveugle de naissance, était aussi aveugle dans la foi car il ne savait pas qui était Jésus. Guéri physiquement par le Seigneur, mais confronté à l'adversité de ses opposants, il reste fidèle à celui qui l'a guéri. Cette fidélité permet à la « lumière » de « travailler » en lui et de le faire grandir dans la foi. Ainsi Jésus dégage cet homme de toutes les ténèbres de ce monde. Il est « la lumière du monde ». À l'opposé, ceux qui refusent de croire s'enfoncent dans la nuit.

À l'écoute de ces récits, une angoisse monte souvent en nous. Il y a une ligne de crête, un choix, une orientation à prendre. Dans la Bible comme dans les évangiles, la vie est grave : il ne faut pas se tromper de voie. Sommes-nous dans la lumière ou bien dans les ténèbres ? Ne reculons pas devant cette question. Nous ne pouvons, comme les parents de l'aveugle-né jouer à ceux que rien ne concerne ! Il s'agit de notre vie éternelle. Que comprendre ? Le critère est le suivant : si l'angoisse nous prend, si nous sommes inquiets pour notre salut… soyons en paix ! Cette « inquiétude » est le signe que la « lumière » nous « travaille », que nous ne nous résignons pas à notre état : nous espérons toujours malgré notre pauvreté. En revanche, si nous n'avons jamais la moindre interrogation sur nous-même, nous croyant dans la vérité, voilà qui est dramatique. Jésus dit à ses opposants, en conclusion de ce récit : « Si vous étiez aveugles, vous n'auriez pas de péché ; mais vous dites : Nous voyons ! Votre péché demeure » (Jean 9, 40). Tous les évangélistes le racontent : les pécheurs, les pauvres vont vers Jésus. Ceux qui pensent orgueilleusement être des justes se perdent.

L'évangéliste nous ramène toujours par touches différentes vers Pâques. Jésus dit : « La nuit vient où nul ne peut travailler. » Cette nuit qui couvrira bientôt la lumière, Jésus la voit venir. C'est la nuit de sa mort. Mais il voit plus loin. Il voit aussi que les « œuvres de son Père » auxquelles il travaille ne périront pas. Il est la lumière qui éclaire tous les hommes.

28

Pourquoi ce parfum n'a-t-il pas été vendu trois cents deniers qu'on aurait donnés à des pauvres ?

(Jean 12, 5)

Judas l'Iscariote, l'un de ses disciples, celui qui allait le livrer, dit : « Pourquoi ce parfum n'a-t-il pas été vendu trois cents deniers qu'on aurait donnés à des pauvres ? » Jésus dit alors : « Laisse-la : c'est pour le jour de ma sépulture qu'elle devait garder ce parfum. Les pauvres, en effet, vous les aurez toujours avec vous ; mais moi, vous ne m'aurez pas toujours. »

Nous sommes arrivés à la dernière semaine de Jésus avant sa mort : « Six jours avant la Pâque ». Un geste prophétique va s'accomplir. Nous sommes à Béthanie, à un repas autour de Jésus. Des personnages connus de tous les lecteurs sont présents : Lazare, « que Jésus avait ressuscité d'entre les morts », Marthe qui, bien sûr, « servait »… Marie, leur sœur, déjà présentée, avant même son geste, par l'évangéliste (Jean 11, 2), comme « celle qui oignit le Seigneur de parfum et lui essuya les pieds avec ses cheveux ». Chacun ici a comme un surnom, qui le situe vis-à-vis de Jésus. Ce surnom met en relief la beauté de la personne, il désigne autant sa foi que le don reçu de Dieu. Nous avons chacun une appellation de nous-même, connue peut-être de nous seul. En tout cas, quand je pense à certaines personnes, je vois tout de suite : c'est « celle qui est ressuscitée », ou bien c'est « celle qui est un enfant de Dieu » ou encore « celle qui a l'énergie du Seigneur en elle ». Dans l'éternité, nous serons peut-être appelés ainsi.

Nous sommes à un repas. Mais il y a aussi Judas ; lui aussi possède son qualificatif : « l'un des disciples, celui qui allait le livrer ». Il a l'appellation du drame. Il est aussi « voleur » ; l'argent comptait pour lui. Triste personnage ! De façon prophétique et dramatique, la Passion va comme se jouer ici en quelques instants. Jésus est toujours le Maître.

Deux attitudes opposées s'affrontent, deux logiques de vie. « Marie, prenant une livre d'un parfum de nard pur, de grand prix, oignit les pieds de Jésus et les essuya avec ses cheveux ; et la maison s'emplit de la senteur du parfum. » Il me semble sentir encore aujourd'hui ce merveilleux parfum, celui d'un amour incomparable de tant de fidèles pour leur Seigneur… Amour pur et fort, généreux et contagieux. « Une livre ! » C'est énorme ! Mais probablement n'est-ce pas assez aux yeux de Marie pour dire son respect, sa vénération, son amour pour le Seigneur et le Maître. Logique de l'amour et du don. À l'opposé, Judas. Il a vite fait d'estimer ce que valait le parfum et de trouver une solution… pour les pauvres, bien sûr ! Mais on sait ce que dit l'évangéliste :

« Il n'avait aucun souci des pauvres, mais il était voleur et, tenant la bourse, il dérobait ce que l'on y mettait. » Logique de mort : il détourne pour lui. Pour Marie, Jésus est au-dessus de tout. Pour Judas, l'argent est au-dessus de tout. Deux logiques : celle de l'amour et celle de la mort. Comme en résumé, le procès fait à Jésus est là.

Jésus tranche le conflit. Il est le Maître. Il parle comme un juge. Il donne raison à Marie en rendant à son geste un sens prophétique. « C'est pour ma sépulture qu'elle devait garder ce parfum. » Et la pensée de Marie ? Si elle voulait exprimer sa vénération et son amour seulement, elle aurait versé le parfum sur la tête de Jésus, car on ne verse du parfum que sur les pieds d'un mort. C'est donc par intuition, ou plutôt par inspiration de l'Esprit Saint, qu'elle verse le parfum sur les pieds de Jésus vivant. Elle n'est pas sans savoir la haine contre Jésus et le propos des chefs du peuple de le mettre à mort. Son amour et sa foi lui font voir le drame à venir. Par avance, elle agit pour Jésus qui va mourir. Le Seigneur et Maître exprime alors tout haut ce qui était encore tout neuf dans le cœur de Marie. Nos gestes disent souvent bien davantage que nos paroles. Parfois ils peuvent prendre valeur d'éternité, non pas à notre insu, car nous n'agissons pas dans l'inconscience, mais nos gestes sont porteurs de vie et, progressivement, manifestent profondeur, force et amour.

Enfin Jésus ajoute cette parole bouleversante pour Marie et pour les disciples : « Les pauvres, en effet, vous les aurez toujours avec vous ; mais moi, vous ne m'aurez pas toujours. » Qui n'a entendu, un jour, sa mère lui dire : « Tu ne m'auras pas toujours ! »... Cette parole de

Jésus n'est pas du tout dans la logique comptable de Judas : il n'oppose pas sa personne aux pauvres, comme s'il valait plus ! Il oppose la suprématie de toute personne sur l'argent. On se souvient d'Armand Marquiset, le fondateur des Petits Frères des pauvres, offrant toujours un diamant aux femmes qui célébraient leurs noces de diamant…

Mais Jésus fait plus. En saint Marc, Jésus conclut cet événement : « En vérité, je vous le dis, partout où sera proclamé l'Évangile, au monde entier, on redira aussi, à sa mémoire, ce qu'elle vient de faire » (Marc 14, 9). Jésus honore magnifiquement Marie, car, véritable disciple, elle a confessé la foi par son geste. Et en acceptant le geste de Marie, Jésus s'affirme par avance, comme le seul digne d'une telle offrande : il est le Fils de Dieu.

29

Seigneur, toi, me laver les pieds ?

(Jean 13, 6)

Pierre dit à Jésus : « Seigneur, toi, me laver les pieds ? » Jésus lui répondit : « Ce que je fais, tu ne le sais pas à présent ; par la suite tu comprendras. »

Pierre est un personnage très attachant. Impulsif, il est totalement dévoué au Seigneur. Il est aussi considéré par tous les disciples, comme leur chef : quand il parle, quand il résiste à une parole de Jésus, quand il comprend aussi, tous les disciples suivent… Et nous aussi, tant nous nous retrouvons en lui.

Quelle est la difficulté de Pierre et quelle est donc la nôtre ? La Croix. Pierre n'a jamais pu accepter que Jésus puisse souffrir. Par amitié, certes. Mais il ne peut envisager que la réalisation du dessein de Dieu passe par la souffrance et par la mort de Jésus. Sa résistance est fondamentale. Nous la comprenons. Après des siècles de christianisme, nous avons une certaine habitude d'utiliser les mots de mort et de résurrection mais, lorsque notre vie est touchée, nous résistons. Est-ce le refus de la mort, la résistance instinctive que nous avons devant la dépossession de nous-même ? Bien sûr. Mais c'est normal. Jésus a connu l'agonie. L'origine de notre résistance est ailleurs. Quelle est-elle ? Regardons le récit du lavement des pieds, nous y trouverons une réponse.

La résistance de Pierre et la nôtre viennent d'un malentendu. Pierre parle « selon les pensées des hommes ». Jésus parle « selon les pensées de Dieu ». Ce malentendu est un obstacle entre Pierre et Jésus. Pierre voit la mort de son Maître comme la fin de tout ; il pense que Jésus devrait accomplir sa mission sans adversité, sans incompréhension, sans la souffrance, sans la Croix. Il attend la progression du Royaume selon les règles de ce monde : épanouissement, succès, triomphes… Lorsque Jésus annonça sa Passion, Pierre le « morigéna » : « Cela ne t'arrivera pas ! » Jésus le traita alors de « Satan », parce qu'en effet il le tentait, lui faisait obstacle sur la route du don total de lui-même (Matthieu 16, 21-23). Ici par deux fois Pierre refuse que Jésus lui lave les pieds. Comment ne pas ressentir en nous ces résistances de Pierre ? Nous sommes tant attachés à ce monde des hommes qu'il nous semble parfois plus solide que la réalité que va nous montrer le Seigneur.

Jésus veut se faire comprendre de Pierre et de nous. Pour que Jésus puisse sauver ce monde, pour que ses disciples le suivent un jour jusqu'à la mort, pour que Pierre ait « part » avec lui, Jésus doit, lui, le Maître, donner sa vie, voir « son corps livré…, son Sang versé…, pour la multitude ». Nécessité de l'amour ! Notre salut ne peut se faire autrement que par le don jusqu'à l'extrême du Seigneur. Il s'est fait l'un de nous, jusqu'à prendre la tenue d'esclave, jusqu'à mourir. Il a voulu être l'un de nous jusqu'à devenir nourriture pour nous faire entrer dans la demeure du Père. Ainsi il nous a aimés jusqu'à la fin. Prendre la tenue de l'esclave, laver les pieds, sont pour Jésus les signes de cette œuvre du Père qu'il accomplit jusqu'au bout. Le cœur de l'Eucharistie se manifeste dans ce récit. Jésus donne sa vie pour la gloire de son Père et le salut du monde.

Comme Jésus le menace de « ne pas avoir part » avec lui – de ne pas communier à lui –, Pierre accepte aussitôt d'avoir les pieds lavés. Il aime tant le Maître ! A-t-il compris ? En tout cas, il se laisse faire par le Maître, ce qui est présentement l'essentiel. Avons-nous compris ? Le plus souvent, nous faisons confiance au Seigneur et nous cherchons à rester ouverts à la lumière. Un jour pourtant, il nous sera donné de comprendre. « Plus tard tu comprendras ! » dit Jésus à Pierre… et à nous. En effet, Pierre devra donner sa vie à Rome pour le Christ et pour son Église : son martyre sera l'aboutissement d'un long chemin de fidélité à son Maître, pour l'œuvre de Dieu.

À nous aussi, il nous est donné de comprendre lorsque nous réalisons que, pour la vie de celui-ci, de celle-là, il faut tout donner, y compris soi-même, y compris son sang. Ce don ne prend pas toujours une allure tragique, cruelle… Mais il y a toujours, comme dans le mariage, nous l'avons vu, une abnégation, un sacrifice de soi pour les autres. Lorsque le sacrifice se fait, lorsqu'il a été dépassé dans la sérénité, dans l'espérance, nous pouvons dire : je comprends, je vois la logique des choses, je vois pourquoi je suis passé par là… Ce qui nous éclaire toujours, c'est le bien qui a pu être fait aux autres par amour. Ces paroles-là ne sont plus « selon les pensées des hommes », mais « selon celles de Dieu », selon l'Esprit d'amour.

L'Eucharistie est vraiment le lieu où toute notre vie, faite de dons ordinaires ou extraordinaires, trouve son sens et sa portée. Ces dons de nous-même, unis au don du Christ, œuvrent pour le salut du monde et la gloire de notre Père !

30

Seigneur, qui est-ce ?

(Jean 13, 25)

Le disciple que Jésus aimait, se penchant sur la poitrine de Jésus, lui dit : « Seigneur, qui est-ce ? » Jésus répond : « C'est celui à qui je donnerai la bouchée que je vais tremper. » Trempant alors la bouchée, il la prend et la donne à Judas, fils de Simon Iscariote. Après la bouchée, alors Satan entra en lui. Jésus lui dit donc : « Ce que tu fais, fais-le vite. »

Pourquoi Judas a-t-il trahi Jésus ? Cette question revient souvent. Nous voudrions le savoir par curiosité légitime, mais aussi parce que nous pressentons qu'il y a là un enjeu : quelque chose est à comprendre.

Rappelons d'abord les faits. Jésus vient de prononcer solennellement une parole qui bouleverse les disciples : « En vérité, en vérité, je vous le dis, l'un de vous me livrera. » Tous se regardent « ne sachant de qui il parlait ». Pierre demande à Jean, qui reposait sur la poitrine de Jésus, de l'interroger. Ce qu'il fait très simplement : « Seigneur, qui est-ce ? » Jésus répond par le geste rapporté ici. Nous retrouvons la même discrétion que dans Matthieu et le même désir de la part de Jésus d'avertir le traître pour le détourner de son entreprise, la même miséricorde aussi. Mais l'évangéliste ajoute : « Après la bouchée, alors Satan entra en lui. »

Pourquoi Judas a-t-il trahi Jésus ? Est-ce par amour de l'argent ? Ou bien parce qu'il est déçu de ce que Jésus ne restaure pas l'indépendance d'Israël et sa royauté ? Pierre trouvait le Maître trop enclin à parler d'un Messie souffrant, de sa mort… Judas aurait-il rejeté Jésus parce qu'il le trouvait trop faible ? Ou bien encore, et cette raison est tout à fait compréhensible, Judas aurait-il pensé que c'est tout simplement les grands prêtres qui ont raison : la réforme du judaïsme proposée par Jésus est trop radicale ! Que dire de la destruction du Temple annoncée par Jésus ? Ne se fait-il pas l'égal de Dieu ? Nous comprenons ces raisons. Mais l'évangéliste nous donne une lumière qui les éclaire. Il ajoute : « Après la bouchée, alors Satan entra en lui. » Que comprendre ? Judas a dû commencer par être un apôtre dévoué. Mais par touches successives, il s'est laissé détourner de Jésus. Les raisons que nous avons évoquées ont contribué à éloigner Judas de Jésus, mais elles sont devenues progressivement des prétextes pour le trahir. En effet, une lame de fond montait en Judas et se nourrissait de toute critique pouvant être faite contre Jésus. Il s'est laissé envahir progressivement par le mal. Quoi que fasse Jésus, Judas le lui reprochait. Ainsi le mal fait-il sa demeure chez celui qui ne fait rien pour l'arrêter. À la fin, le mal n'a plus qu'à s'installer totalement. « Après la bouchée, alors Satan entra en lui. »

La conséquence est terrible pour Judas. Il entre dans un monde qui n'a plus de logique, dans celui de Satan qui ne cherche le néant que pour le néant. La logique du mal est de ne pas en avoir. Jésus s'explique sur ce sujet avec des mots terribles : « Le Diable est homicide dès le commencement. Il n'est pas établi dans la vérité, parce qu'il n'y a pas de vérité en lui. Quand il profère le mensonge, il parle de son propre fond » (Jean 8, 44). Tout ce que touche le Diable se brouille, se disloque, meurt, car il n'a en lui aucun sens, aucune idée du bien… Il ne sait que détruire. Son seul ressort, son fond est fait de haine, de jalousie, de violence et de destruction. Il est « père du mensonge ». Satan entra en Judas. Son avenir sera le suicide.

Adam et Ève ont connu sa visite : leur relation avec Dieu et entre eux s'est brouillée. Rappelons-nous l'ivraie qui voulait détruire le bon grain… Souvenons-nous aussi de ces vies où s'introduit une logique du mal. Pourquoi cela arrive-t-il ? Ne parlons pas de possession diabolique trop vite. Pourtant, « le Diable, comme un lion rugissant, rôde, cherchant qui dévorer » (1 Pierre 5, 8). Il va et vient pour détruire, simplement, terriblement, pour détruire. On dira avec justesse : « Quel gâchis ! Quelle désolation ! » Ces mots décrivent bien ce non-sens. Nous sommes devant un mystère de mort.

Pourtant, une parole de Jésus peut être entendue avec grande espérance. Jésus dit à Judas : « Ce que tu fais, fais-le vite. » « Dernier mot d'un ami découragé, dit le père Lagrange, après avoir tout essayé pour le sauver. » Oui, Jésus dit cela. Mais nous pouvons aussi entendre : fais vite, presse-toi, car j'ai hâte de donner ma vie pour le salut du monde ! Vite, car maintenant tout est prêt ! « Je dois être baptisé d'un baptême, et quelle n'est pas mon angoisse jusqu'à ce qu'il soit consommé ! » (Luc 12, 50.) Il veut être délivré de l'attente et enfin donner sa vie pour le salut du monde ! Parole adressée à Judas, mais aussi à Satan. Ironie : c'est justement sur la croix, en mourant, que Jésus nous sauve. Il nous établit et nous maintient dans la solidité de la vérité. Tout trouve sens, vie, fécondité. Ironie : l'œuvre la plus terrible du mal sera l'occasion de la Résurrection. « Judas sortit ; il faisait nuit. » Dans la paix, Jean opposera une autre nuit : « Le premier jour de la semaine… Comme il faisait encore sombre… » Marie de Magdala découvrira que la Vie avait jailli dans la nuit.

31

Seigneur, où vas-tu ?

(Jean 13, 36)

Simon Pierre lui dit : « Seigneur, où vas-tu ? » Et Jésus lui répondit : « Où je vais, tu ne peux pas me suivre maintenant ; mais tu me suivras plus tard. » Pierre lui dit : « Pourquoi ne puis-je te suivre à présent ? Je déposerai ma vie pour toi. » Jésus répond : « Tu déposeras ta vie pour moi ? En vérité, en vérité, je te le dis, le coq ne chantera pas que tu ne m'aies renié trois fois. »

Judas est sorti. L'atmosphère s'allège. Jésus peut commencer alors son discours d'adieu, livrer à ses disciples le fond de son cœur. Il va partir : « Petits enfants, c'est pour peu de temps que je suis encore avec vous. » Jésus va tout de suite à l'essentiel, il leur donne son commandement nouveau, le « talisman » qui ouvre toutes les portes de la terre et du ciel : « Comme je vous ai aimés, aimez-vous les uns les autres. » Commandement nouveau, non par le contenu, car le Lévitique (19, 18) prescrivait déjà l'amour fraternel, mais nouveau par sa réalisation : aimer comme Jésus lui-même a aimé. Jésus s'en va ; il demeurera présent dans l'amour entre les frères qui vivront de sa mort et de sa vie. Jésus se donne là à ses disciples.

Le bouillant Pierre ne semble pas avoir entendu. Si Jésus part, il veut le suivre. Les considérations de Jésus sur l'amour fraternel ne tiennent pas devant son désir constant d'arracher Jésus à la mort. « Seigneur, où vas-tu ? » Première question de Pierre et première réponse de Jésus : « Où je vais, tu ne peux pas me suivre maintenant. » Jésus veut lui dire : Tu n'as pas la force ; tu n'as pas reçu le Saint-Esprit ; laisse-moi d'abord partir et te « préparer une place »… Ne me retiens pas ! Pierre, par son attachement mal éclairé à Jésus, veut aller trop vite et empêcher Jésus de faire l'œuvre de son Père. Jésus remet Pierre devant la réalité de toute mort – elle est séparation – et il lui demande de respecter son mystère.

Jésus ajoute : « Tu me suivras plus tard. » Pauvre Pierre ! Il veut tout, tout de suite, et Jésus lui répond toujours : plus tard ! Cette réponse invite certainement à la patience… Mais l'enjeu est bien plus grave ! De quoi s'agit-il ? D'une manière voilée, Jésus lui affirme qu'il le suivra en effet jusqu'à la mort… mais plus tard, après cette mort et cette résurrection qu'il lui a déjà annoncées et qu'il ne comprend pas. Il le suivra après avoir établi l'Église. Il le suivra surtout après ce qu'il va lui annoncer : son reniement. Or voilà ce qui est magnifique : Jésus annonce à Pierre sa fidélité avant de lui annoncer son reniement. Miséricorde infinie de Jésus. Par l'annonce de sa fidélité jusqu'à la mort, il rend

Pierre capable de se relever. Quand il sera tombé, il se souviendra.

Mais l'enjeu est plus vaste. Luc va nous le montrer. Dans son évangile, Jésus dit solennellement : « Simon, Simon, voici que Satan vous a réclamés pour vous cribler comme le froment ; mais moi j'ai prié pour toi, afin que ta foi ne défaille pas. Toi donc, quand tu seras revenu, affermis tes frères » (Luc 22, 31-32). L'heure de Satan est venue. Il ne suffit pas à Satan de s'attaquer au Maître, il faut qu'il s'en prenne aussi aux disciples. Il veut les « cribler », les terroriser, les disperser tous ! On le comprend. L'enjeu pour Satan est évident : mort de Jésus, dispersion des disciples qui retourneront chez eux… C'en sera fini de l'Église, du salut du monde ! Tout sera détruit ! Satan ne veut que la mort, et surtout cette mort-là. Mais Jésus, bon pasteur souverain et plein d'amour, qui donne sa vie pour ses brebis et qui ne veut pas qu'elles se dispersent, prie pour Pierre. Il arrête d'avance l'hémorragie. Il limite le pouvoir de Satan. Il prie donc pour que Pierre garde la foi, même dans la chute. Pierre peut tomber, mais « quand il sera revenu, il affermira ses frères ». Il aura été pécheur, mais sa foi, gardée par le repentir, fera de lui une lumière pour tous les disciples de Jésus. Jésus annonce donc à Pierre sa fidélité pour lui permettre de se repentir après la chute mais aussi pour que, « revenu », il garde tous « ses frères » dans l'unité de la miséricorde.

Pierre ne comprend pas encore. C'est sa deuxième question. « Pourquoi ne puis-je te suivre à présent ? » Il est prêt à donner sa vie pour Jésus. Jésus lui annonce alors, non sans tristesse, son reniement. Pierre se souviendra et il pleurera amèrement (Luc 22, 62). Pierre deviendra alors le roc de la miséricorde. Pierre a plus appris par ses larmes que par toutes ses velléités de fidélité. Tous nous pouvons nous reconnaître en lui. Le péché nous détruit toujours. La miséricorde de Dieu nous reconstruit inlassablement.

Jean, le disciple bien-aimé, témoin silencieux de la sortie de Judas dans la nuit, sera aussi le témoin compatissant du reniement de Pierre (Jean 18, 15-27). Il sera encore là au pied de la croix et, représentant toute l'humanité sauvée, il recevra Marie pour Mère. Jean a la garde des secrets du Maître. Jean a tout « vu ». Quelle douceur pour le Maître ! Oui, mais c'est Pierre le chef ! L'Église est une communauté de pécheurs pardonnés par le Christ. Pierre le sait plus que tous. Il peut nous prêcher maintenant le commandement de Jésus qu'il avait semblé mal écouter tout à l'heure et qu'il expérimente maintenant dans les larmes : « Comme je vous ai aimés, aimez-vous les uns les autres. »

32

Seigneur, nous ne savons pas où tu vas. Comment saurions-nous le chemin ?

(Jean 14, 5)

Thomas lui dit : « Seigneur, nous ne savons pas où tu vas. Comment saurions-nous le chemin ? » Jésus lui dit : « Moi, je suis le Chemin, la Vérité et la Vie. Nul ne vient au Père sinon par moi. Si vous me connaissez, vous connaîtrez aussi mon Père ; dès à présent vous le connaissez et vous l'avez vu. »

Jésus vient d'annoncer le reniement de Pierre. Aussitôt il donne la paix à ses disciples car, au-delà de leur pauvreté, ils lui sont fidèles. « Que votre cœur cesse de se troubler ! Croyez en Dieu, croyez aussi en moi. » Pour les détourner de leur tristesse, Jésus les élève vers la révélation de son mystère : « Croyez en moi. » Il veut faire entrer ses disciples, et nous-mêmes, dans la communion établie entre Dieu et lui. Entrer en cet amour, y aller, faire cette avancée dans la foi, découvrir l'unité du Père et du Fils dans l'Esprit, voilà où Jésus veut nous conduire : « Je vais vous préparer une place » dit Jésus. Il conclut : « Du lieu où je vais, vous savez le chemin. »

Découvrir le mystère de Dieu ! Entrer dans sa communion ! C'est admirable ! Nous pressentons que notre vie est là. Pourtant, il nous est si difficile de nous maintenir dans cet élan vers le mystère de Dieu. Vite, nous sommes ramenés aux choses de la terre, comme on dit. Nous sommes patauds ! Notre pauvreté ne nous empêche-t-elle pas d'entrer dans la pensée du Seigneur, dans ces paroles prodigieuses rapportées par Jean ? Facilement nous serions découragés de nous-même. Thomas, pessimiste, lui, par tempérament – il croira difficilement en la Résurrection (Jean 20, 24-28) –, est proche de nous : il interroge le Maître. Jésus ne regarde pas sa pauvreté, il lui répond magnifiquement. Nous venons de le lire. Thomas parle d'un voyage au sens habituel, dont, en soupirant, il ignore tout. Jésus parle du vrai voyage, celui qui mène à son Père !

« Je suis le Chemin, la Vérité et la Vie. » Jésus s'était déjà exprimé de la sorte : « Je suis la lumière du monde » (Jean 1, 5) ou encore : « Je suis la porte » (Jean 10, 9). Comprenons : Jésus ne dit pas : je suis le portier, mais « la porte ». Jésus n'est pas seulement un prophète qui nous conduit sur le bon chemin, ou encore un maître exceptionnel de vérité ; il n'est pas seulement celui qui donne la vie. Jésus est Chemin, Vérité, Vie. Lorsqu'il dit « Je suis », il nous ouvre son être tout entier, il nous introduit dans le mystère de sa personne. Nous pouvons percevoir cela dans la prière. Jésus est élan continuel d'amour vers son Père. Il vient de lui, il va vers lui : mouvement incessant d'amour du Père vers le Fils, du

Fils vers le Père. Voilà ce qui constitue le Chemin. Jésus est tout entier lui-même Chemin d'amour parce qu'il est le Fils. Ainsi, pour nous, être en Christ, demeurer en lui, c'est entrer dans le mouvement du Fils qui ne cesse d'aimer le Père et de recevoir son amour. Nous devenons des fils dans le Fils. Nous sommes dans le Chemin. Voilà Jésus, il est l'unique Chemin vers le Père comme il est l'unique envoyé du Père.

Jésus est le Chemin, parce qu'il est « la Vérité ». En ce mot, Vérité, aux multiples splendeurs, résonnent équilibre, solidité, sincérité, certitude, justesse, lumière, fidélité. Mais ce ne sont point là seulement les qualités de Jésus. Il est la Vérité. Fils, Jésus est, de toute éternité, le vis-à-vis adéquat du Père. Fils, il est « l'Image du Dieu invisible », chante l'hymne aux Colossiens (1, 15). Jésus est la Vérité, la Vérité incarnée. Il révèle le mystère de son Père, la nature et la destinée de notre humanité. Jésus est donc bien le Chemin parce qu'il est le seul à révéler le Père et notre humanité dans leur vérité d'amour.

Jésus est « la Vie ». Jésus est le Chemin parce qu'il est la Vérité qui révèle la Vie. La Vie ! C'est l'aboutissement. Jésus se définit ainsi parce qu'il « savait que le Père lui avait tout remis entre ses mains, qu'il était venu de Dieu et qu'il s'en allait vers Dieu » (Jean 13, 3). Et l'évangéliste de rapporter le lavement des pieds : Jésus, par sa mort et sa résurrection, est la Vie du monde, confié à ses mains. Lorsque Jésus déjà guérissait les malades, il préludait son œuvre de résurrection dans les hommes. Le Christ nous donne la vie. « Pour moi, la Vie, c'est le Christ ! », dit Paul (Philippiens 1, 21). Mais l'essentiel est encore à dire. Jésus est notre vie parce que, de toute éternité, il est la Vie : « Comme le Père a la vie en lui-même, de même a-t-il donné au Fils d'avoir aussi la vie en lui-même », dit Jésus (Jean 5, 26). Fils, il a la Vie. Homme, il est la Vie incarnée. Sauveur, il nous donne la Vie du Père.

Avant de mourir, Jésus confie à ses disciples tout son mystère. Nous comprenons que le Seigneur ajoute aussitôt : « Nul ne vient au Père sinon par moi. » En contrepoint Jésus avait déjà dit : « Nul ne peut venir à moi, si le Père qui m'a envoyé ne l'attire » (Jean 6, 44). Entrons dans ce mystère d'amour réciproque, comme le Père et le Fils nous y invitent. Nous verrons bientôt le rôle de l'Esprit. En attendant, il nous faut rendre grâces au Seigneur de se révéler ainsi à nous.

33

Seigneur, montre-nous le Père et cela nous suffit

(Jean 14, 8)

Philippe lui dit : « Seigneur, montre-nous le Père et cela nous suffit. » Jésus lui dit : « Voilà si longtemps que je suis avec vous, et tu ne me connais pas, Philippe ? Qui m'a vu a vu le Père. Comment peux-tu dire : "Montre-nous le Père !" ? Ne crois-tu pas que je suis dans le Père et que le Père est en moi ? Les paroles que je vous dis, je ne les dis pas de moi-même : mais le Père demeurant en moi fait ses œuvres. »

Nous retrouvons Philippe. Il ne pose pas vraiment une question ; mais sa demande est celle de quelqu'un qui cherche une explication. Et quelle explication ! Philippe, nous nous souvenons, est celui qui a présenté Nathanaël à Jésus et qui, plus tard, désespéra auprès de Jésus devant « tant de monde à nourrir »… Il peut s'inquiéter, mais il a une grande foi. Il vient d'écouter le Maître et il veut en savoir davantage. Il a l'audace de faire une requête extraordinaire : si elle était exaucée, toutes les questions des hommes seraient résolues, pense-t-il ! Sa foi, ici, est de demander ce que Moïse a eu l'audace de demander avant lui ! « Fais-moi de grâce voir ta gloire » (Exode 33, 18). Qui oserait faire une telle requête ? L'audace pourtant se comprend. Voir Dieu est la plus profonde aspiration de l'homme, ce désir traverse de part en part l'histoire religieuse de toute l'humanité. Demander à voir Dieu, c'est demander le Bonheur ! Nous sommes appelés à vivre en la présence de Dieu ! En ce sens, la demande de Philippe est juste. Elle est aussi précise : « Montre-nous le Père. » Il peut aussi s'appuyer sur une parole de Jésus, dans son discours sur le pain de vie : « Celui qui vient d'auprès du Père, celui-là a vu le Père » (Jean 6, 46). Philippe comprend le lien prodigieux entre le Père et son Maître. Alors il interroge. Sa foi est grande !

Oui, sa foi est grande, mais elle est celle d'un monde ancien. Il n'a pas fait le passage dans la réalité nouvelle. Il attend, à l'exemple de Moïse, une manifestation éclatante de Dieu. Il pense qu'une vision éclairerait tout… Mais le Seigneur est là ! Nous aussi, nous attendons des manifestations de Dieu, plus sensibles, plus visibles, pensant que notre foi serait tellement plus grande ! Nous ne savons pas que le Seigneur est là… La requête de Philippe attriste profondément Jésus qui le lui dit avec tendresse : « Voilà si longtemps que je suis avec vous, et tu ne me connais pas, Philippe ? » Nulle demande ne doit le blesser autant car elle touche à la réalité de ce qu'il est au milieu de ses disciples, à son mystère, à sa relation avec son Père. « Philippe, ne crois-tu pas ? » Jésus lui dit : le monde ancien est passé, Abraham s'est réjoui de ma venue, ouvre les yeux et vois ! Il y a ici bien plus que Moïse ! Tu ne vois donc pas qui je suis ? Non, Philippe ne le voit pas, sinon il n'aurait pas fait sa requête. Pauvreté du disciple ! Tout à l'heure, nous nous retrouvions bien dans sa demande, maintenant nous nous reconnaissons dans la pauvreté de sa foi ! Notre pauvreté provoque pourtant Jésus à révéler davantage son mystère.

Jésus dit : « Qui m'a vu a vu le Père. » « Je suis dans le Père, le Père est en moi. » Prodigieuse révélation. Dieu s'est fait homme. C'est la foi qui fait voir. Jésus est la présence du Père parmi les hommes. Philippe est devant Dieu. Il s'égare à demander des manifestations éclatantes ; maintenant, Dieu se révèle en Jésus. À cette lumière, nous-mêmes ne connaissons le Père que dans la réalité de Jésus, dans sa vie, dans sa mort, dans sa résurrection, dans l'Évangile qu'éclaire toute la Bible. Scruter les Écritures, verset après verset, suivre Jésus ! Progressivement nous entrons dans la relation du Fils avec le Père, une lumière se fait dans nos cœurs : nous voyons le Fils manifester la Gloire du Père, non point dans un éclat pour les yeux mais dans la lumière de la foi. Dieu est venu jusqu'à nous dans cette simplicité-là.

Le Fils révèle le Père, le Père révèle le Fils. Jésus, dans la majesté et la simplicité de ses paroles, demeure Fils. Il ajoute : « Les paroles que je vous dis, je ne les dis pas de moi-même : mais le Père demeurant en moi fait ses œuvres. » Humilité de Jésus, certes. Surtout affirmation concrète de l'unité de Jésus avec son Père. Les œuvres du Père, c'est lui qui les accomplit. Quand Jésus parle, quand il guérit, quand il ressuscite Lazare, c'est lui, la Vie, qui agit mais c'est aussi le Père qui ne cesse d'agir par amour pour nous. Le Père et le Fils ne font qu'un.

Il est une « œuvre » suprême du Père : la Croix ! Quand Jésus est élevé sur la croix, il manifeste totalement l'amour du Père pour nous. Le Père, pouvait-il nous donner davantage que son Fils ? « Montre-nous le Père ! », demandait Philippe. Lorsque nous regardons une croix dans nos demeures, dans les églises ou à la croisée des chemins, nous voyons ! Tout l'amour de Jésus et l'amour du Père sont là pour nous. Le Père est présent en cette Heure où le Fils livre sa vie. Le Père est présent aussi aux heures de nos croix. « Ô Croix, notre unique espérance ! »

34

Seigneur, comment se fait-il que tu doives te manifester à nous et non pas au monde ?

(Jean 14, 22)

Judas – pas l'Iscariote – lui dit : « Seigneur, comment se fait-il que tu doives te manifester à nous et non pas au monde ? » Jésus lui répondit : « Si quelqu'un m'aime, il gardera ma parole, et mon Père l'aimera et nous viendrons vers lui et nous ferons une demeure chez lui. Celui qui ne m'aime pas ne garde pas mes paroles ; et ma parole n'est pas de moi, mais du Père qui m'a envoyé. »

Cette question est posée à Jésus par « Judas, pas l'Iscariote… » Le disciple est un proche parent de Jésus. Il est ébloui par l'amour du Seigneur qui se manifeste à eux. « Celui qui a mes commandements et qui les garde, c'est celui-là qui m'aime ; or celui qui m'aime sera aimé de mon Père ; et je l'aimerai et je me manifesterai à lui. » Comment ne pas comprendre que le disciple interrompe aussitôt le Maître : C'est si beau pour nous, alors pourquoi ne pas le publier dans le monde entier ? Même sortie de son contexte, cette question a sa pleine actualité et nous l'avons déjà abordée d'une manière ou d'une autre. Pourquoi le Seigneur ne se révèle-t-il qu'à quelques-uns ? Pourquoi ne le fait-il pas avec plus d'ampleur ? Nous posons des questions parce que le Seigneur est source de notre joie et que nous voudrions faire connaître à tous cet amour qu'il nous donne. Certes, Judas, en interrogeant Jésus, avait aussi une idée plus terre-à-terre dans l'esprit, une visée nationaliste : tu parles de manifestation, penses-tu restaurer Israël ? Question récurrente que nous retrouverons encore après la Résurrection ! Oui, mais Judas a bien été ébloui par cet amour donné par le Seigneur et c'est d'abord son cœur apostolique qui le pousse à intervenir. Sa recherche est aussi la nôtre. Le Seigneur a répondu. Regardons.

Nous savons par expérience que l'amour n'attire pas toujours l'amour. Ce n'est point parce que nous aimons quelqu'un qu'il va nous aimer. Expérience douloureuse ! Saint François d'Assise le comprenait : « L'amour n'est pas aimé. » Le Seigneur donne sa vie et il est rejeté. « Les siens ne l'ont pas accueilli » (Jean 1, 11). Voilà la tragédie ! Dans le dialogue entre « Judas – pas l'Iscariote – » et Jésus, il y a méprise. Lorsque le disciple parle de « manifestation au monde », il parle du salut de l'humanité tout entière : comment Jésus ne le désirerait-il pas ? « Élevé de terre, j'attirerai tous les hommes à moi » (Jean 12, 32). Jésus veut le salut de tous. Il ne peut y avoir d'automatisme dans l'amour comme dans le salut. Au contraire, par amour pour tous, Jésus offre à notre liberté un chemin à prendre pour recevoir le salut : aimer en réponse à son amour. « Si vous m'aimez... » « Si vous gardez ma parole... » Les trois autres évangélistes disent : « Si vous avez la foi... », ou encore : « Ta foi t'a sauvé ! » C'est cette condition de la foi, de l'amour que le disciple n'entend pas. Voilà bien notre problème ! Nous voudrions le salut de tous et nous avons raison. Mais nous ne prêtons pas attention à la condition posée par Jésus : il faut aimer. Jésus le dit encore, mais *a contrario* : « Celui qui n'aime pas ne garde pas ma parole. » S'il n'y a pas d'amour en vous, comment pouvez-vous recevoir l'amour ? Voilà la condition posée par le Seigneur. « Si quelqu'un m'aime... »

« Si quelqu'un m'aime, il gardera ma parole et mon Père l'aimera et nous viendrons vers lui et nous ferons une demeure chez lui. » Il y a un émerveillement à contempler ces paroles. Le Seigneur s'en va pour nous préparer une demeure auprès de son Père, il ne cesse de nous le redire et la vie est bien ce pèlerinage vers le ciel, vers le Père. L'amour fait monter en nous un immense désir d'aller vers le Père pour demeurer en lui. Mais nous sommes sur cette terre, portant le poids du jour avec ses difficiles conversions, cette charité si pauvre... N'y a-t-il qu'à attendre ? Non ! Si nous aimons le Seigneur, si nous mettons en pratique sa parole, dès maintenant le Seigneur vient faire sa demeure en nous. Nous sommes en attente de rejoindre le ciel alors que le ciel est déjà en nous.

Mais Jésus ne vient pas seul en nous. La Sainte Trinité vient faire sa demeure en nous. « Si quelqu'un m'aime, mon Père l'aimera et nous viendrons à lui. » Que ce « nous » est important ! Il a la force de l'amour du Père pour le Fils, du Fils pour le Père, il a la force de leur amour pour nous : accomplir leur « œuvre » commune, nous donner la vie ! Nous devenons la demeure du Père et du Fils et de « l'autre Paraclet » donné par le Père à la demande du Fils, comme vient de l'annoncer Jésus (14, 16). Dieu est amour, il vient faire sa demeure en notre amour. Joie inépuisable. Voilà aussi l'aboutissement de l'Incarnation. Dieu s'est fait homme, lui qui nous a aimés le premier daigne habiter en nous.

Pour conclure, revenons à la condition posée par le Seigneur : « Si quelqu'un m'aime… » En effet, comment ouvrir un cœur fermé ? Se fermer à Dieu, n'est-ce pas mourir ? Laissons le Seigneur juger les cœurs, laissons son amour agir. Pour le moment expérimentons la force de l'amour. Lorsque Dieu fait sa demeure en nous, lorsqu'il illumine le ciel de notre cœur, une force, une audace, un désir prodigieux pour le salut du monde nous saisissent. Il semble que rien ne nous résistera ! Ce désir, qui est nôtre, ne vient pourtant pas de nous, il vient de Dieu. Ce désir féconde notre ardeur pour travailler au bonheur de tous.

35

Aucun de vous ne me demande : « Où vas-tu ? »

(Jean 16, 5)

Jésus dit : « Maintenant je m'en vais vers celui qui m'a envoyé et aucun de vous ne me demande : "Où vas-tu" ? Mais parce que je vous ai dit cela, la tristesse remplit vos cœurs. Cependant je vous dis la vérité : c'est votre intérêt que je parte ; car si je ne pars pas, le Paraclet ne viendra pas vers vous ; mais si je pars, je vous l'enverrai. »

Nous ne trouvons ici aucune des questions habituelles posées par les disciples à Jésus sur son départ. Jésus s'en étonne doucement. Les disciples sont accablés de tristesse : le silence les a saisis. Alors Jésus pose la question à leur place. « Où vas-tu ? »

Pour entrer dans ce que le Seigneur veut nous dire, il nous faut sortir de la tristesse. Les disciples sont accablés. Le Maître s'en va ! Nous connaissons cette douleur. Pourtant, ne nous arrive-t-il pas, parfois, de pleurer davantage sur nous-même que sur l'être cher qui s'en va ou qui est parti ? Ces larmes, un peu égoïstes, sont bien naturelles car nous nous demandons ce que nous allons devenir. Mais ces larmes se purifient progressivement par l'amour de celui qui est entré dans le bonheur de Dieu. Il faut du temps. Jésus, lui, a peu de temps. L'Heure est venue. Il doit établir ses disciples dans la paix et leur parler du Saint-Esprit. Il va élargir notre horizon.

Il y a un piège. Jésus part, il sera absent, mais il envoie l'Esprit Saint. Le piège est de penser que le temps du Christ est fini et que le temps de l'Esprit commence. Non. Pourquoi Jésus envoie-t-il l'Esprit ? « Non pour prendre sa place ou suppléer à son absence mais au contraire pour le rendre présent » (J.-H. Newman). Si « c'est notre intérêt » que Jésus s'en aille, comme il le dit lui-même, c'est pour qu'il puisse, par l'Esprit, être présent dans le cœur de ses disciples et de tout chrétien quels que soient le lieu et le temps. Présence dans l'Esprit. « Séparés visiblement », les disciples, et nous à leur suite, entrons par l'Esprit dans une communion invisible : présence intérieure plus forte que la mort ; présence qui rejoint la racine de notre être ; présence du Seigneur qui nous établit dans l'amour, la paix, la liberté. Cette communion situe maintenant la séparation. Nous sommes en paix, mais un désir immense naît en nous, celui de suivre le Seigneur, d'aller vers le Père, au ciel. Ce désir est juste. Il vient du Saint-Esprit qui, en nous, aspire en l'accomplissement de toute la création. L'Esprit d'amour désire en nous. En attendant, l'Esprit repose sur nous pour que nous puissions accueillir « celui qui nous donne pouvoir de devenir enfants de Dieu » (Jean 1, 12). Par l'Esprit Saint, nous vivons en notre vie toute la vie de Jésus, sa mort et sa résurrection. Par l'Esprit Saint, ce que Jésus a vécu une fois pour toutes sur la terre, il le vit en chacun de nous. Il est présent.

« Il est de votre intérêt que je parte… » Le départ de Jésus est visible. Sa présence est invisible, dans l'Esprit. Notre « intérêt » est là ! Combien, à la suite de Jésus, ont parlé ainsi. Saint Dominique disait qu'il serait plus utile à ses frères auprès du Seigneur que parmi eux. Présence auprès de nous de ceux qui sont partis, grâce à l'Esprit d'amour.

Mais ce n'est pas pour Jésus la seule raison de l'envoi de l'Esprit. Qu'il nous suffise ici de regarder ce qu'il nous dit dans son discours juste après les paroles que nous venons de commenter. L'Esprit sera le « Paraclet », l'avocat, le Défenseur. Tout l'évangile de Jean est bâti comme un vaste procès fait à Jésus et à ses disciples, et donc à nous qui portons le nom du Christ. Le procès se joue entre les ténèbres et la lumière. Mais l'Esprit va établir la justice. « Le Prince de ce monde est jugé », dit Jésus pour montrer l'œuvre de l'Esprit. Notre Défenseur nous fera sortir vainqueur du jugement, du grand procès qu'instruisent les ténèbres contre nous. Comment pourrons-nous sortir libres ? L'Esprit nous fait passer par la Croix, par la mort et la résurrection du Christ. Il nous fait émerger de la mort pour nous établir en la présence du Père. Voilà sa défense ! Lorsque nous passons par l'épreuve, nous pouvons expérimenter cette assistance de l'Esprit qui nous ouvre sans cesse à l'espérance et à la vie.

L'Esprit est notre Défenseur. Jésus ajoute : « Quand il viendra, lui, l'Esprit de vérité, il vous guidera dans la vérité tout entière, car il ne parlera pas de lui-même, mais ce qu'il entendra, il le dira et il vous expliquera les choses à venir. » Il n'y a guère de verset plus beau pour montrer les relations dans la Trinité. Le Père n'est que don ; Père, il donne tout au Fils ; le Fils ne fait que la volonté de son Père. L'Esprit ne tire rien de lui, il n'est en rien centré sur lui-même : « Il dira ce qu'il entendra, il expliquera les choses à venir. » Le Père et le Fils et le Saint-Esprit ne cessent de s'effacer les uns devant les autres dans un amour que l'éternité ne saurait épuiser. Voilà « la vérité tout entière » vers laquelle l'Esprit nous conduit. L'Esprit introduit chacun de nous au cœur même de l'Amour, il nous y introduit tous ensemble.

36

Ce jour-là, vous ne me poserez aucune question

(Jean 16, 23)

« Ce jour-là, vous ne me poserez aucune question. En vérité, en vérité, je vous le dis, ce que vous demanderez au Père, il vous le donnera en mon nom. Jusqu'à présent vous n'avez rien demandé en mon nom ; demandez et vous recevrez, pour que votre joie soit complète. Tout cela, je vous l'ai dit en figures. L'heure vient où je ne vous parlerai plus en figures, mais je vous entretiendrai du Père en toute clarté. »

Le contraste est saisissant entre la tristesse qui accable les disciples à cause du départ de Jésus et la joie qui déborde du Seigneur et qui se fait progressivement communicative. Jésus soulève, entraîne, élève ses disciples, il les conduit à la lumière, à la vérité, à la joie. « Ce jour-là… », « L'heure vient… », Jésus est tout entier pris par la Croix, certes, mais aussi par la puissance de la Résurrection et du don du Saint Esprit. C'est maintenant, c'est arrivé, leur dit Jésus. Le

Seigneur creuse en eux la source de leur certitude future.

« Vous ne me poserez aucune question. » Et Jésus de confirmer : « Je ne vous parlerai plus en figures. » L'heure de la Pâque et du don de l'Esprit Saint établit les disciples dans une lumière définitive. Le départ du Maître les attriste parce qu'il ne sera plus possible de l'interroger. À qui d'autre pourraient-ils aller ? Qui leur dira les paroles de la vie éternelle (Jean 6, 68) ? Mais l'heure de la clarté est venue. Elles sont finies, les ombres, les incertitudes, les inquiétudes qui font chanceler. Jusque-là, les disciples ne comprenaient pas et la tristesse s'en mêlait. Jésus le leur reprochait souvent. Maintenant, vient la joie de croire, vient la joie d'aimer.

Les disciples connurent comme un long « enfantement » (Jean 16, 21-22). Le Seigneur, en Maître, sait ce que veut dire enfanter à la vérité. Les disciples naissent enfin à eux-mêmes en même temps qu'ils naissent à la connaissance du mystère du Fils et du Père dans la lumière du Saint-Esprit. Ils entrent dans l'amour de Dieu. Joie. Jésus le leur explique : « Je vous verrai de nouveau et votre cœur sera dans la joie, et votre joie, nul ne vous l'enlèvera. » Naissance des disciples à la foi : dans l'intime de leur cœur, ils croiront que le Seigneur « les voit », qu'il est présent en eux avec le Père et l'Esprit Saint. Joie éternelle.

La foi domine enfin. Les questions s'arrêtent, les demandes commencent. Les « questions » à Jésus, signes des difficultés de la foi, s'estompent et les « figures », les « paraboles » employées par Jésus pour se faire comprendre ne sont plus nécessaires. Elles laissent la place aux demandes. Que comprendre ? Les disciples vivent déjà de la vie même du Christ ressuscité, « en mon nom », dit Jésus, ils vivent aussi du Saint-Esprit. L'unité est si grande qu'il n'y a rien qui les sépare maintenant du Père. Ils peuvent s'adresser directement au Père. Directement ne veut pas dire que le Seigneur ne soit plus l'unique médiateur, au contraire : les disciples, fils dans le Fils, ont accès auprès du Père. Devant le Père ! Adoration. Montent en eux leurs demandes pour le salut du monde. Jaillit en eux la source de leur certitude et de leur apostolat pour parcourir l'univers. Jésus entraîne là ses disciples à un sommet. Mais il y a plus grand encore. Arrêtons-nous un instant.

L'itinéraire des disciples nous concerne. La délicatesse de Jésus, sa patience à écouter nous touchent profondément. Longuement, le Seigneur accompagne ses enfants qui ne cessent d'interroger en tout sens. Il nous faut du temps pour déballer toutes nos interrogations, nos incertitudes, c'est le chemin premier et normal de la foi. Puis vient le temps de la lumière. La foi devient lumière, elle prend le pas sur tout, en particulier sur nos questions. C'est le Seigneur lui-même qui, par l'intermédiaire d'un prêtre, d'une sœur ou d'un frère, d'un événement aussi, nous fait passer dans l'équilibre de la vie. C'est Pâques ! Alors, nous retrouvons nos questions tout autrement. Elles sont transformées en demandes d'amour pour agir, en engagement pour la vie du monde. Nous sommes consacrés comme témoins.

Revenons à ce que nous dit le Seigneur. Maintenant, il va nous livrer de nouveau ce qui est le cœur de sa vie. Il ne peut rien dire de plus beau et de plus important pour notre vie. Il est venu pour nous dire : « Le Père lui-même vous aime. » Voilà le sommet de la joie ! La Vierge Marie chante : « Il a jeté les yeux sur l'abaissement de sa servante. Oui, désormais toutes les générations me diront bienheureuse. » Le Père lui-même nous aime, il n'est pas perdu dans les cieux, il n'est pas un juge lointain ; il est proche et il se réjouit de nous au-delà de toutes nos pauvretés. Père, il ne cesse de nous donner sa vie, son Fils, dans l'amour de l'Esprit. Père, il nous enfante au bonheur. Rien de plus beau ne peut être annoncé. Ici est la source de notre apostolat.

37

Tu n'as pas besoin qu'on te questionne

(Jean 16, 30)

Ses disciples lui disent : « Voilà que maintenant tu parles en clair et sans figures ! Nous savons maintenant que tu sais tout et n'as pas besoin qu'on te questionne. À cela nous croyons que tu es sorti de Dieu. » Jésus leur répondit : « Vous croyez à présent ? Voici venir l'heure – et elle est venue – où vous serez dispersés chacun de votre côté et me laisserez seul. Mais je ne suis pas seul : le Père est avec moi. Je vous ai dit ces choses, pour que vous ayez la paix en moi. Dans le monde, vous aurez à souffrir. Mais gardez courage ! Moi, j'ai bel et bien vaincu le monde. »

Jésus a conduit ses disciples au sommet de la révélation : « Le Père lui-même vous aime. » En leur parlant ainsi, nulle confiance plus belle ne pouvait être faite par le Maître à ses disciples. Jésus les loue pour leur foi : « Vous croyez que je suis sorti d'auprès de Dieu. » Et de conclure en quelques mots qui résument toute l'œuvre de son incarnation en notre humanité :

« Je suis sorti d'auprès du Père et venu dans le monde. À présent je quitte le monde et je vais vers le Père. » Alors les disciples exultent ! Jésus leur a montré l'amour du Père, il leur a promis le don du Saint-Esprit, il leur a révélé son mystère ! Tout s'éclaire enfin. Jésus le leur avait annoncé : « Ce jour-là, vous ne me poserez aucune question ! » Les disciples sont dans la joie : « Voilà que maintenant tu parles en clair et sans figures ! Nous savons maintenant que tu sais tout et n'as pas besoin qu'on te questionne. À cela nous croyons que tu es sorti de Dieu. » Les disciples ont le sentiment fort qu'ils ont bien compris leur Maître ! Finies les « figures », finies les « paraboles », ils croient ! Le temps des questions est passé.

Avec quelle émotion nous entrons dans l'exultation des disciples. Qui n'a pas un jour été visité par le Seigneur ? À la faveur d'un pèlerinage, d'une prédication, d'une lecture, d'un événement, la lumière s'est faite en nous. Moment inoubliable. Notre vie s'est alors orientée vers le Seigneur. Les détours que nous avions l'habitude de prendre ont laissé la place à un chemin tellement plus paisible ! Le Seigneur est là. Il nous a montré son amour. Visite si simple et si profonde. Tout s'est éclairé enfin. Nous avons le sentiment fort de comprendre. Que le Seigneur soit loué !

Que le Seigneur soit encore plus loué pour sa réponse. « Vous croyez à présent ? » Souvenons-nous : « Pierre, tu déposeras ta vie pour moi ? », et c'était l'annonce du reniement. Jésus annonce de même la dispersion des disciples. Il les a conduits au sommet de la révélation, il les a loués pour leur foi, il peut montrer leur pauvreté.

Que fait Jésus ? Il ne les fait pas « tomber de haut », comme pour les ramener brutalement à la réalité de leur faiblesse ! Au contraire il les affermit dans la miséricorde. Les disciples se souviendront que leur Maître prévoyait leur dispersion, mais, avant tout, il avait tant confiance en eux. C'est l'amour qui relève.

Redisons cela pour nous-mêmes. La lumière est entrée dans notre vie, nous venons d'y faire allusion. Joie ! Voici que vite, nous sommes rattrapés par nos vieux démons… Nous tombons de haut ! Quelle n'est pas notre tristesse ! Qui nous délivrera ? Le Seigneur, lui, ne pense pas que nous soyons « tombés de haut », en bas loin de la lumière. Au contraire, pour lui, la réalité quotidienne de notre pauvreté est une occasion pour nous de nous appuyer uniquement sur la lumière qu'il nous a donnée et qui est toujours active en nous. À ses disciples et à nous, Jésus annonce la fidélité qui s'appuie sur lui seul et qui est plus forte que la dispersion et les fautes. La tristesse doit laisser place à une profonde espérance. Le Seigneur va nous le dire maintenant. Il sera notre force.

« Mais je ne suis pas seul : le Père est avec moi. » Jésus ne veut s'appuyer que sur son Père. Son amour est sa force. Jésus va mourir. Il nous livre ses derniers mots. Habité par l'amour du Père dans la communion de l'Esprit, Jésus sera maintenant la force des disciples, de tous ses disciples au-delà du temps et de l'espace. Quels sont ses derniers mots ? Les paroles du Seigneur sont marquées par la sérénité, par la confiance absolue en son Père… et en nous ! D'abord, Jésus nous donne « la paix » : nous sommes faibles, mais comme « le Père est toujours avec [lui] », lui, Jésus, sera toujours avec nous. Ensuite, Jésus annonce que, comme lui, nous aurons à souffrir, signe que notre pauvre amour est lié au don de son amour pour le salut des hommes. Il nous demande aussi de garder courage, d'avoir la hardiesse de manifester l'amour de Dieu, quoi qu'il arrive. Enfin Jésus conclut : « Moi, j'ai bel et bien vaincu le monde. » Ce sont les derniers mots de son discours d'adieu à ses disciples. Ils sont ceux de la victoire absolue sur le Prince de ce monde et sur la mort. La Passion peut commencer. Jésus est lucide, sans illusion sur la fidélité de ses disciples mais, par avance, il annonce la gloire de la Croix.

Notre espérance trouve sa source ici. Quelles que soient notre faiblesse et les difficultés des temps, le Seigneur est notre vie et notre joie ! Nous participons à sa victoire. « Tribulations, angoisse, persécution, faim… En tout cela nous sommes les grands vainqueurs par celui qui nous a aimés » (Romains 8, 37).

Épilogue

38

Seigneur, et lui ?

(Jean 21, 21)

Se retournant, Pierre aperçoit, marchant à leur suite, le disciple que Jésus aimait (…) Le voyant donc, Pierre dit à Jésus : « Seigneur, et lui ? » Jésus lui dit : « Si je veux qu'il demeure jusqu'à ce que je vienne, que t'importe ? Toi, suis-moi. »

Deux destinées : celle de Pierre et celle de Jean. Deux amis depuis toujours, dont les vocations sont liées et pourtant différentes. Regardons-les, puisque cette question, la dernière dans le quatrième évangile, est posée à Jésus par Pierre au sujet de Jean.

Pierre a renié Jésus. Le quatrième évangile rapporte le dialogue bouleversant, tenu après Pâques, où Jésus par trois fois demande à Pierre s'il l'aime, allusion claire à son triple reniement. « Pierre, m'aimes-tu ? » Jésus n'a pas à lui accorder son pardon. Pierre est déjà totalement pardonné par la mort et la résurrection du Seigneur et il a reçu le Saint-Esprit par le souffle de Jésus (Jean 20, 19-23). Il est déjà entré avec tous les disciples dans le monde nouveau. Jésus ne réhabilite pas non plus Pierre, car il ne lui avait jamais retiré sa charge, lui ayant annoncé sa fidélité avant sa chute.

« Pierre, m'aimes-tu ? » Pourquoi Jésus parle-t-il ainsi ? Jésus ne rappelle le douloureux passé de Pierre que pour lui permettre de manifester publiquement son amour pour lui. Nous le savons, dire à quelqu'un qui nous comprend le fond de notre cœur libère et fortifie. Pierre proclame l'amour qui est en lui, il peut enfin suivre son Maître sans les chaînes d'un attachement trop impulsif, trop possessif. Jésus interroge Pierre pour l'établir solidement dans la joie de le suivre. Il fait de lui le berger de tous : « Pais mes brebis. » Solide dans le commandement nouveau de l'amour, Pierre peut exercer sa charge, nous établir nous aussi dans l'amour. Il peut aller lui-même jusqu'au don total. Jésus le lui annonce à nouveau. Oui, tu donneras ta vie pour moi, « tu étendras les mains !… » Sa mort aura une portée qu'il n'avait pas imaginée avant son reniement : il sera invisiblement habité par une multitude, cette humanité qu'il aura introduite dans l'amour de Dieu par la foi. Jésus conclut : « Suis-moi. » Il ira jusqu'à la mort. Il sera l'apôtre de l'amour jusqu'à l'extrême… Pierre alors se retourne vers son compagnon de toujours, Jean, et demande : « Seigneur, et lui ? » Qu'en sera-t-il de son avenir ?

Jean et Pierre se connaissent au moins depuis le début du ministère de Jésus. Ils sont présentés souvent ensemble. C'est Jean qui a introduit Pierre chez le grand prêtre et a assisté à son reniement… Aucun ami n'est plus proche de Pierre, il comprend ses larmes et son amour véritable ! Nul mieux que Jean ne pouvait comprendre les triples questions de Jésus à Pierre sur l'amour ! Miséricorde de Jean ! Une connivence, une délicatesse profonde, les lient autour de leur Maître. C'est le Seigneur qui est leur lien et leur vie. Jean est proche de Jésus. Jean est « le disciple que Jésus aimait, celui-là même qui, durant le repas, s'était penché sur sa poitrine et avait dit : “Seigneur, qui est-ce qui te livre ?” » Or Jean a posé cette question sur la demande de Pierre ! Jean a une mission auprès de Pierre. Il a donc une mission pour l'Église. Admirons.

Jean a souvent éclairé Pierre. N'arrive-t-il pas avant lui, le premier, au tombeau vide ? (Jean 20, 4.) N'est-il pas le premier à reconnaître Jésus sur le rivage et à dire à Pierre : « C'est le Seigneur ! » ? (Jean 21, 7.) Jean est proche de Jésus et c'est la source de son lien avec Pierre. Leur Maître est leur unité. Pierre va gouverner l'Église, il proclame l'amour et la miséricorde du Christ. Jean aura la garde des secrets du Seigneur et il en dévoilera progressivement la beauté. En effet, Jean est celui qui est entré dans l'intimité de Jésus, qui comprend ce qui habite le cœur du Maître… Au pied de la croix, il a reçu pour Mère au nom de toute l'humanité sauvée, la Mère de Jésus. Auprès de Pierre, Jean remplit le rôle des contemplatifs dans l'Église.

Entendons maintenant la réponse de Jésus à la question de Pierre : « Seigneur, et lui ? » Pierre a, certes, le souci de son compagnon, de son avenir. Mais il pense que, si Jésus lui a annoncé la dignité du martyre, qui plus que, Jean en serait digne ? Qui plus que lui pourrait montrer à Jésus son amour jusqu'à l'extrême ? Paradoxalement, c'est ce qui n'arrivera pas à Jean ! « Si je veux qu'il demeure jusqu'à ce que je vienne, que t'importe ? » Promesse adressée à Jean d'une grande longévité et non du martyre… ! Comment ne pas s'en étonner ? Les voies de Dieu ne sont pas les nôtres ! C'est ce que dit Jésus à Pierre : « Que t'importe ! » L'essentiel est que tu me suives. Quant à lui, laisse cela à Dieu, le Père. Nous pouvons comprendre : que ce soit dans la vie ou dans la mort, l'important est de suivre le Christ et qu'il soit ainsi glorifié ! Voilà ce qui unit Pierre, Jean et nous tous : le Christ ! Pierre peut alors entendre : « Toi, suis-moi. »

39

Seigneur, est-ce maintenant, le temps où tu vas restaurer la royauté en Israël ?

(Actes des Apôtres 1, 6)

Étant donc réunis, les apôtres l'interrogeaient ainsi : « Seigneur, est-ce maintenant, le temps où tu vas restaurer la royauté en Israël ? » Il leur répondit : « Il ne vous appartient pas de connaître les temps et moments que le Père a fixés de sa seule autorité. Mais vous allez recevoir une force, celle de l'Esprit Saint qui descendra sur vous. Vous serez alors mes témoins à Jérusalem, dans toute la Judée et la Samarie, et jusqu'aux extrémités de la terre. » À ces mots, sous leurs regards, il s'éleva, et une nuée le déroba à leurs yeux.

Voilà une question des apôtres qui peut susciter de l'agacement. Comment poser une telle question après Pâques ! Ils n'ont pas encore compris ! Ils en sont encore à attendre la restauration temporelle du royaume de David, signe que Jésus est le Messie. Ne nous étonnons pas de leur lenteur. Peut-être est-ce nous qui ne comprenons pas à force de dire que « tout est spirituel ».

En effet, nous oublions la situation politique des apôtres : leur pays est en état de sujétion à Rome... Qui ne désirerait pas la liberté pour son peuple ? Nous oublions aussi que le salut doit bien avoir des implications concrètes, il doit bien changer nos vies ! La question des apôtres, très humaine, va être respectée par Jésus.

Comme à son habitude, comme il l'a toujours fait dans les Évangiles, Jésus répond en élargissant l'horizon. Il s'en remet d'abord au choix du Père qui connaît les temps et les moments. Mais aussi il leur manifeste sa confiance la plus totale. Il leur fait le don le plus grand : il leur confie l'avenir de son message, de tout ce qu'il a reçu du Père et qu'il a accompli parmi les hommes. Il les fait témoins, comme des fondés de pouvoir qui juridiquement tiennent la place de celui qui les envoie. Il les fait témoins : sa vie sera en eux, sa mort et sa résurrection. En un mot, ils recevront « une force, celle de l'Esprit Saint qui descendra sur eux ». En eux sera la puissance de la Vie, la force de l'Esprit : ils vivront du Christ. Accomplissement de l'Incarnation. Par l'Esprit, Jésus est au milieu de nous. Il vit en nous.

Les disciples attendent-ils la restauration de la royauté en Israël, le salut pour leur peuple ? Jésus dépasse leur demande et leur ouvre les horizons de la terre entière : « Vous serez mes témoins à Jérusalem, dans toute la Judée et la Samarie, et jusqu'aux extrémités de la terre. » Par l'Esprit, ils vont être témoins du Christ par toute la terre. Portant la vie du Christ en eux, ils pourront devenir « Lumière des nations et gloire du peuple Israël » (Luc 2, 32). Comment ne serions-nous pas nous-mêmes bouleversés ? Jésus nous fait confiance, il nous donne la terre en partage ! Nous avons à faire « fructifier la terre » (Genèse 1, 26). Oui, les apôtres pensaient rester en Israël, Jésus les envoie par-delà toutes frontières. Ils vont partir de Jérusalem et ils apporteront la foi jusqu'à Rome. Les Actes des Apôtres se terminent par cette ouverture sur le monde entier. Nous sommes encore aujourd'hui portés par cet élan missionnaire. Nous sommes toujours au début d'une nouvelle évangélisation.

Voilà donc la dernière question posée par les disciples à Jésus. Elle fait écho à ce que nous disait Jésus, en saint Jean. « Le Père lui-même vous aime » et : « J'ai bel et bien vaincu le monde. » Ces révélations de l'Évangile ne seraient pas perçues dans leur profondeur et leur exigence, si un désir immense de les partager ne naissait dans notre cœur. Plus nous entrons dans le mystère de Dieu, plus nous devenons des frères pour tous les hommes de la terre. L'Esprit Saint fait de nous des témoins. Si Jésus nous a accompagnés pas à pas dans les méandres de nos interrogations, questions de disciples qui cherchent à comprendre, c'est pour que nous puissions vivre de sa vie, vivre de son bonheur et être ainsi capables d'apporter la paix aux hommes ! L'Esprit Saint repose sur nous. C'est le Père qui veille sur notre fécondité apostolique. Il connaît « les temps et moments » de la moisson.

Index
[Pour suivre quelques thèmes]

1. Les nombres indiquent le numéro des chapitres.

Table des matières

Dans la collection « Épiphanie »

Marguerite Acarie : *Lettres spirituelles*
Michel Albaric : *Le Temps d'attendre*
Fabienne Amyot : *Sauvée de l'enfer par l'exorcisme*
Jean-Émile Anizan : *Quand la charité s'empare d'un homme*
Catherine Aubin : *Prier avec son corps, à la manière de saint Dominique*
Hélène et Jean Bastaire : *Le Dieu mendiant*
Hélène et Jean Bastaire : *Pour une écologie chrétienne*
Hélène et Jean Bastaire : *Le Cantique féminin de la Création*
Jean Bastaire : *Le Chant des créatures. Les chrétiens et l'univers d'Irénée à Claudel*
Jean Bastaire : *Chiens du Seigneur. Histoire chrétienne du chien*
Philippe Baud : *Nicolas de Flue (1417-1487). Un silence qui fonde la Suisse*
Bernard de Jésus Marie : *Le Sang du Carmel*
Pierre de Bérulle : *Les Grandeurs de Jésus*
Gérard Bessière : *Éloge de la prière*
Christophe-Marie Baudouin : *La Prière du cœur*
Marie Baudouin-Croix : *Léonie Martin, une vie difficile*
Madelaine Berthon : *De Solesmes à Auschwitz : Marguerite Aron*
Enzo Bianchi : *Comme un étranger*
Enzo Bianchi : *Les Mots de la vie intérieure*
Antoine Bloom : *Le Sacrement de la guérison*
Antoine Bloom : *Rencontre avec le Dieu vivant*
Bernard Bonvin : *L'Oraison. Présence à Dieu et à soi*
Michel-Robert Bous : *La Musique de l'Esprit*
Bernard Bro : *Le Secret de la confession*
Bernard Bro : *Les Portiers de l'aube*

Bernard Bro : *Marie, espoir de Dieu*
Henri Brunel : *Prières à décoiffer les clochers*
William Bush : *La relation du martyre des seize carmélites de Compiègne*
Ambroise-Marie Carré : *Ces maîtres que Dieu m'a donnés*
Ambroise-Marie Carré : *Croire, avec vingt personnages de l'Évangile*
Ambroise-Marie Carré : *La Sainteté*
Michel Carrouges : *Le Père Jacques. Au revoir les enfants*
Catherine de Bar : *Adorer et adhérer*
Bernard et Bernadette Chovelon : *L'Aventure du mariage. Guide pratique et spirituel*
Jean Clapier : *Une voie de confiance et d'amour. L'itinéraire pascal de Thérèse de Lisieux*
Pierre Claverie : *Donner sa vie. Six jours de retraite sur l'Eucharistie*
Pierre Claverie : *Petit traité de la rencontre et du dialogue*
Pierre Claverie : *Je ne savais pas mon nom... Mémoires d'un religieux anonyme*
Jean Comby ***et al.*** **:** *L'Itinéraire mystique d'une femme. Rencontre avec Marie de l'Incarnation ursuline*
Gabrielle Cosson : *Guérir avec les saints*
Paul Couturier : *Prière et unité chrétienne*
Hyacinthe-Marie Cormier : *Être à Dieu*
Angelika Daiker : *Au-delà des frontières ! Vie et spiritualité de Petite Sœur Magdeleine*
Claude Dagens et Véronique Margron : *Le Rosaire de lumière*
Conrad De Meester : *Les Mains vides*
Conrad De Meester : *Les Plus Belles Pages d'Élisabeth de la Trinité*
Conrad De Meester : *Frère Laurent de la Résurrection*
Bernard Descouleurs, Christiane Gaud : *Marguerite-Marie Alacoque. La Mystique du cœur.*
Pierre Descouvemont : *Sur la terre comme au ciel, une novice de sainte Thérèse*

Pierre Descouvemont : *Marie au cœur de nos vies*
Pierre Descouvemont : *Guide des chemins de la prière*
André Dodin : *Initiation à Saint Vincent de Paul*
Paul-Dominique Dognin : *Comme un sauvetage*
Christian Dorrière : *L'Abbé Jean Daligault, un peintre dans les camps de la mort*
Suzanne Eck : *Initiation à Jean Tauler*
Suzanne Eck : *« Jetez-vous en Dieu ». Initiation à Maître Eckhart*
Agnès Égron : *La Prière de feu*
Jacques Fau : *En retraite avec sainte Thérèse. Méditer l'Acte d'offrande à l'Amour miséricordieux*
Patrick-Marie Févotte : *Aimer la Bible avec Élisabeth de la Trinité*
Patrick-Marie Févotte : *Virginité, chemin d'amour. À l'école d'Élisabeth de la Trinité*
Charles de Foucauld : *« Cette chère dernière place. » Lettres à mes frères de la Trappe*
Jean Gaillard : *La Liturgie pascale*
Maximilio Herraiz Garcia : *L'Oraison, une histoire d'amitié*
Guy Gaucher : *Bernanos ou l'invincible espérance*
Guy Gaucher : *La Passion de Thérèse de Lisieux*
Guy Gaucher : *Flammes d'amour : Thérèse et Jean*
Jacques Gauthier : *Que cherchez-vous au soir tombant ?*
Rina Geftman : *L'Offrande du soir*
Sœur Geneviève : *Le Trésor de la prière à travers le temps*
Pierre Gervaise : *Qui donc est Dieu pour nous aimer ainsi ? La Révélation*
Maxime Gimenez : *Les Voies de l'intériorité*
Aliette Gruget : *Alexis. Mort et vie d'un enfant*
Jean-Marie Gueullette : *Laisse Dieu être Dieu en toi. Petit traité de la liberté intérieure*
Jean-Marie Gueullette : *« Reste auprès de moi, mon frère. » Vivre la mort d'un ami*
Bernard Guitteny : *Grignion de Montfort missionnaire des pauvres (1673-1716)*

Lorene Hanley Duquin : *Catherine de Hueck Doherty. « Aventurière ou sainte ? »*
Magda Hollander-Lafon : *Souffle sur la braise*
Marguerite-Ph. Hoppenot : *Le Temps du feu*
Marguerite-Ph. Hoppenot : *Pleins pouvoirs à l'Esprit Saint*
Alain Houziaux : *Paraboles au quotidien*
Alain Houziaux : *Mon silence te parlera*
Jean-Baptiste de la Conception : *Pensées mystiques*
Jean-Paul II : *Rosaire et chemin de croix*
Bruno de Jésus Marie : *Le Sang du Carmel*
Vincent Jordy : *L'Art de la prière*
Cardinal Walter Kasper : *Serviteur de la joie. Vie de prêtre. Service sacerdotal*
Jean-Claude Larchet : *Saint Silouane de l'Athos*
Jean-Claude Larchet : *Le Starets Serge*
Jean-Joseph Lataste : *Prêcheur de la miséricorde*
Jean-Claude Lavigne : *Le Prochain lointain*
Claire-Marie Ledoux : *Initiation à Claire d'Assise*
Philippe Lefebvre : *La Vierge au Livre*
Philippe Lefebvre et Viviane de Montalembert : *Un homme, une femme et Dieu. Pour une théologie biblique de l'identité sexuée*
André Lendger : *Prêcher ou essayer de parler juste*
Jacques Lœw et Paul Xardel : *La Flamme qui dévore le berger*
Bernard McGinn et Patricia Ferris McGinn : *La Transformation en Dieu. Douze grandes figures mystiques*
Jean Mansir : *Le Souffle du silence*
Jean Mansir : *Naître de l'Esprit. Un itinéraire paradoxal*
Paul-Dominique Marcovits : *Petites Béatitudes*
Paul-Dominique Marcovits : *Maître, explique-nous ! Questions des disciples à Jésus*
Sœur Marie de la Trinité : *Une novice de sainte Thérèse*
Sœur Marie-Pascale : *Initiation à sainte Gertrude d'Helfta*
Carlo Maria Martini : *Témoins de la parole*
Carlo Maria Martini : *Prêtres, quelques années après... Méditations sur le ministère presbytéral*
Bernard Marliangeas : *Culpabilité, péché, pardon*

Bernard Marliangeas : *L'Expérience chrétienne*
Anne Mars (textes choisis et présentés par) : *Le Cantique des cantiques. Du roi Salomon à Umberto Eco*
Antoine Mayère : *Père Chanel, je vous écris*
Alexandre Men : *Manuel pratique de prière*
Gerit Messie : *Les Diaconesses de Reuilly*
Joseph de Mijolla : *Le Scrabble de Dieu*
Marie-Dominique Molinié : *Le Combat de Jacob*
Marie-Dominique Molinié : *Le Courage d'avoir peur*
Marcel Neusch : *Initiation à saint Augustin, maître spirituel*
Jean-Jacques Olier : *Vivre pour Dieu en Jésus-Christ*
Eulogio Pacho : *Initiation à S. Jean de la Croix*
Simone Pacot : *L'Évangélisation des profondeurs, t. I*
Simone Pacot : *Reviens à la vie ! L'Évangélisation des profondeurs, t. II*
Simone Pacot : *Ose la vie nouvelle ! Les chemins de nos Pâques. L'Évangélisation des profondeurs, t. III*
Hervé Pasqua : *Qu'est-ce que le christianisme ?*
Johannes Pausch : *Cherche l'unité intérieure*
Anne-Marie Pelletier : *Le Signe de la femme*
Rémi Pelon : *Invitation à la contemplation. Vie et choix de textes de Pierre-Thomas Dehau, dominicain*
Jacques Perrier : *L'Abbé Stock (1904-1948)*
André Philbée : *Saint Bernard de Fontaine, abbé de Clairvaux*
André Pighiera : *Un phare dans la nuit. Sauvetage avec Thérèse de Lisieux*
Bernard Pitaud : *Histoire d'une direction spirituelle au XVIIe siècle. Gaston de Renty - Élisabeth de la Trinité, 1643-1649*
Bernard Pitaud : *Le Bienheureux Nicolas Roland*
Jean-Michel Poffet : *Heureux l'homme*
Dominique Poirot : *Jean de la Croix, connaissance de l'homme et mystère de Dieu*
Dominique Poirot : *Jean de la Croix poète de Dieu*
Alain Quilici : *Nous osons dire Notre Père*
Jean-Gabriel Ranquet : *L'Un et l'Autre Exode*

Noël Rath : *Sainte Marie Mère de Dieu*
Jean Rémy : *Regards d'amour. Élisabeth de la Trinité et Jean de la Croix*
Bernard Rey : *Trois chemins vers Pâques*
Bernard Rey : *Jésus, l'aujourd'hui de Dieu*
Bernard Rey : *La Discrétion de Dieu*
Bernard Rey : *Vivre avant et après la mort*
Bernard Rey : *Marcher vers toi, mon Dieu*
Bernard Rey : *C'est toi mon Dieu. Le Dieu de Jésus*
Didier Rimaud : *À force de Colombe. Chants et poèmes II*
Didier Rimaud : *À l'enseigne de Pâque. Chants et poèmes III*
Oscar Romero : *L'Amour vainqueur*
Raymond Sansen : *Le Sourire de Dieu*
Rémi Schappacher : *Veux-tu guérir ?*
Robert Scholtus : *La Traversée des apparences*
Robert Scholtus : *L'Espérance désaltérée. La traversée des apparences (II)*
Thomas Spidlik : *Le Chemin de l'Esprit. Retraite au Vatican*
Mgr Stéphanos : *Une saison en orthodoxie*
Guido Stinissen : *Le Christ votre vie*
Mère Teresa : *Dans le silence du cœur*
Jacques Thierry : *Dieu dans la nuit*
Jean-François Thomas : *Initiation à Teilhard de Chardin, maître spirituel*
Guy Thomazeau : *Bonne nouvelle du mariage*
Guy Thomazeau : *Suivre Jésus à pas d'homme*
Marie-Claire Tihon : *Saint Pierre Fourier*
Marie-Claire Tihon : *La Bienheureuse Alix Le Clerc*
Guy Touton : *Qu'êtes-vous allés voir au tombeau ? Méditations pour le samedi saint*
Denis Trinez : *L'École de la fragilité*
Pierre Van Breemen : *Trouver Dieu en toutes choses*
Jérôme Van Langermeersch : *« Tu combles les vides de mes désirs. » Une autre petite voie*
Joseph de Vatopaidi : *L'Ancien Joseph l'Hésychaste*
Philippe Verdin : *Les Pieds sur terre et la Tête dans le ciel. La spiritualité du scoutisme*

Jean Vinatier : *Mère Agnès de Jésus*
Marianne Viviez : *Tes lacets sont défaits*
William G. Wheeler : *Dans la vérité et la charité*
Jean Werquin : *Thérèse Cornille*

Cet ouvrage
a été transcodé
et achevé d'imprimer
en juin 2007
par l'Imprimerie Floch
53100 – Mayenne.

Dépôt légal : juin 2005.
N° d'imprimeur : 68478.
N° d'éditeur : 13623.